RECOMENDACIONES PARA
COMPLETAMENTE NUEVO

Completamente Nuevo es una herramienta poderosa que cimentará y establecerá más profundamente a cualquier creyente en su fe. Algunos libros se ven estupendos en el librero, pero este libro luce más por el fruto que produce en la vida de cualquier lector hambriento. Les Beauchamp es un pastor prototípico, el cual es guiado por el Gran Pastor, Jesucristo, y quien también se apasiona por guiar a los demás a verdes prados. Me emociona pensar cómo Dios va a usar este libro y su mensaje para ayudar a que los demás vivan ¡vidas *completamente nuevas*!

LEE CUMMINGS — Pastor principal de la iglesia Radiant Church en Kalamazoo, Michigan; pastor supervisor de la red Radiant Network y autor de *Be Radiant* y *FLOURISH*

El pastor Les ha sido mi amigo y colega por 30 años. Su amor por Dios y por los demás se refleja en su servicio como ministro. Su pasión por ver que la gente sea presentada a una relación íntima con Dios ha sido consistente en todos los años que yo lo he conocido ¡y se refleja en la labor de amor que este libro representa!

Si tú eres alguien que está llegando *completamente nuevo* a la familia eterna de Dios, puede ser intimidante y abrumador, y esto puede desanimarte a querer ser parte de ella. Esto puede ser especialmente difícil para aquellos que crecieron en familias quebrantadas o poco saludables.

Eso es lo que amo de este libro. Es una introducción saludable a la familia de Dios. Si tú has llegado a la familia por medio de un encuentro con Jesús, nosotros lo celebramos, pero ¿qué es lo que sigue? ¿Cómo te conviertes en una parte vital y aprendes los valores, la cultura, el lenguaje y la misión de la familia?

Completamente Nuevo es la sinopsis (notas de Cliff) que tú necesitas para obtener un conocimiento de las bases necesarias para una vida cristiana, conforme tomas los primeros pasos como miembro de la familia de Dios. ¡Cuánto hubiera deseado tener este libro cuando comencé a ser un discípulo de Jesús *completamente nuevo*!

TOM LANE — Pastor apostólico principal; iglesia Gateway Church, Southlake, Texas

El pastor Les se apasiona por guiar a las personas a Jesús en una forma amable, atenta y generosa. Su amabilidad es evidente de principio a fin en *Completamente Nuevo* conforme guía al nuevo seguidor de Cristo en los fundamentos de su nueva fe.

A través de este medio, hay muchas analogías y muy buenas historias para ayudar al lector a comprender verdades complejas más fácilmente. Este libro es un gran regalo, y todos los líderes de la iglesia deberían incluirlo como parte del proceso de asimilación. Yo lo recomiendo altamente.

JOSEPH SANGL — Presidente y director ejecutivo de INJOY Stewardship Solutions; autor de *I Was Broke. Now I'm Not, Oxen* y *What Everybody Should Know About Money Before They Enter the REAL WORLD*

Completamente Nuevo es un libro alentador e interesante, rebosando de ~~gracia~~ y buenos consejos. La sabiduría práctica y los ejercicios de Les Beauchamp proveen claridad para desarrollar tu relación con Cristo y dirección para vivir como un seguidor de Cristo que es aceptado, amado, perdonado y lleno de paz. Este libro excepcional reafirma tu decisión de rendirte completamente a Jesús, proporciona simples disciplinas para el crecimiento espiritual continuo y te reta a dejar un impacto duradero en el mundo. Este es verdaderamente un libro afirmador al cual vas a volver una y otra vez.

AMIE GAMBOIAN — Entrenadora de liderazgo ejecutivo

Tengo el gran privilegio de conocer al autor de *este* libro. Él es mi amigo Les. Aún más grande es mi privilegio de conocer al autor de *EL* libro. Él es mi Salvador Jesús. Si tu lees el libro de mi amigo acerca de mi Salvador, yo creo que vas a experimentar lo que significa sentirte *completamente nuevo*.

EL REVERENDO DOCTOR MARK P. ZEHNDER — Pastor principal, director de ministerios, iglesia King of Kings Church, Omaha, Nebraska

¡Finalmente! Un libro que toma los fundamentos espirituales de nuestra fe y los "desempaca" de una manera clara y significente para los "buscadores" al igual que para los que tienen madurez espiritual. Si el mandato de hacer discípulos de todas las naciones se va a tomar en serio, entonces serán los recursos como *Completamente Nuevo* del pastor Les los que nos van a ayudar a realizar la Gran Comisión. ¡Esta es una lectura indispensable!

EL PASTOR MYRON PIERCE — Pastor principal, iglesia Mission Church, Omaha, Nebraska

El regalo de vida es demasiado valioso como para dejar que se hunda en la desorientación. ¡Cuán más valioso es el regalo de vida nueva en Cristo! *Completamente Nuevo* es el regalo del pastor Les que sirve como "Paquete de Orientación de Bienvenida" para todos los que acaban de llegar al Reino del señorío de Jesús.

Las instrucciones del pastor Les que son notablemente sencillas, describen un mapa y un compás (¡dos en uno!) basados en la Biblia y centrados en Cristo que le proveen a tu vida *completamente nueva* una orientación que da vida y el cómo y a dónde continuar de aquí en adelante.

Completamente Nuevo es la mejor guía para una nueva vida en Jesús que he visto en mis 47 años de estar estudiando, enseñando a nivel de seminario y viviendo y modelando el evangelismo y las misiones. Es una lectura indispensable para cada persona que está considerando una relación con Jesús y para cada persona que se ha rendido a Su liderazgo de amor.

DR. DIMITRIJE POPADIC — Fundador y presidente del seminario Protestant Theological Seminary, Novi Sad, Serbia; plantador de iglesias; pastor de campus de la iglesia Lifegate Novi Sad

Les Beauchamp es un amigo y fuerte líder en la ciudad de Omaha donde ambos servimos. Su enseñanza es convincente; su pasión es contagiosa, y tiene una capacidad profunda para hacer que verdades espirituales tomen vida. *Completamente Nuevo* está repleto de verdades impactantes y yo deseo que todo seguidor de Cristo las lea, entienda y viva. Ya seas un seguidor de Cristo maduro o apenas estés comenzando tu jornada, *Completamente Nuevo* te ayudará a establecer y a reafirmar tu caminata con Dios.

RON DOTZLER — Fundador y presidente del consejo de la red Abide Network, Omaha, Nebraska

Leer *Completamente Nuevo* es como sentarse a tomar café con un amigo. Les no hace suposiciones acerca de sus lectores y en tono familiar les explica despacio y claramente un resumen de la vida cristiana, entrelazando Escrituras, ejemplos útiles y su propia jornada.

EL PASTOR GAVIN JOHNSON — Pastor de la iglesia City Light Church, Omaha, Nebraska

Por más de 25 años, he tenido el privilegio de pastorear otra iglesia en la misma ciudad que Les. Esto me ha dado un asiento de primera fila para observar cómo Dios lo usa para ayudar a alcanzar a personas que necesitan a Jesús. *Completamente Nuevo* es el instrumento perfecto para que cada nuevo cristiano tome el próximo paso de descubrimiento en una relación para toda la vida con el creador del universo. Es bíblicamente sólido, práctico y se presta a conversación. ¡Es algo indispensable para tu jornada de crecimiento!

GARY HOYT — Pastor principal, iglesia Bellevue Christian Center, Omaha, Nebraska

COMPLETAMENTE NUEVO
VIVIENDO COMO NUEVA CREACIÓN DE DIOS

Les Beauchamp

Completamente Nuevo: Viviendo Como Nueva Creación de Dios
© 2019 Les Beauchamp

Título original: Brand New: Living as God's New Creation, Copyright © 2019 Les Beauchamp

Derechos reservados. Ninguna parte de este libro puede ser reproducida, almacenada en ningún sistema de recuperación o transmitida en ninguna forma o por ningún medio—electrónico, mecánico, fotocopia, grabación o cualquier otra forma—con la excepción de breves citas en críticas impresas, sin el permiso previo del poseedor de los derechos de autor.

ISBN 978-1-7378183-0-4
ISBN 978-0-578-45163-3 (Versión en inglés)

NBLA – Las escrituras tomadas de la Nueva Biblia de las Américas (NBLA), Copyright © 2005 por The Lockman Foundation son usadas con permiso. www.NuevaBiblia.com

NBV – Texto bíblico tomado de la Nueva Biblia Viva © 2006, 2008 por Biblica Inc.®. Usado con permiso de Biblica, Inc.®. Reservados todos los derechos en todo el mundo.

NTV – El texto bíblico indicado con NTV ha sido tomado de La Santa Biblia, Nueva Traducción Viviente, © Tyndale House Foundation, 2010. Usado con permiso de Tyndale House Publishers, Inc., Carol Stream, IL 60188, Estados Unidos de América. Todos los derechos reservados.

NVI – Texto bíblico tomado de La Santa Biblia, Nueva Versión Internacional® NVI® © 1999, 2015 por Biblica, Inc.® Usado con permiso. Reservados todos los derechos en todo el mundo.

PDT – Las citas bíblicas marcadas PDT son tomadas de la Palabra de Dios para Todos, © 2005, 2008, 2012 por Centro Mundial de Traducción de la Biblia. Usada con permiso.

RVA – Las citas bíblicas marcadas RVA han sido tomadas de la versión *Reina-Valera Actualizada* 2015. © Copyright 2015, Editorial Mundo Hispano. Usada con permiso.

*Dedicado a cada nueva creación en Cristo.
Que fielmente sigas perteneciendole a Él.*

Diseño de la Portada e Ilustraciones:
DayCloud Studios – Liz Hunt, Ross Finocchiaro

Composición y Diseño del Libro:
Creative Gal LLC – Kelly M. Vaughan

Corrección y Edición:
Corie Hansen, Ryan Long, Jim Deese (versión en inglés)
Rubén Quiros, Teodoro Segura, Miriam Knowles-Segura (versión en español)

Dirección Creativa y Publicación:
Iglesia Lifegate Church – Blake Beauchamp, Amber Francis (versión en inglés); Nate Plugge, Rachel Williams (versión en español)

Traducción al Español :
Lupita Maniskas, Peter Maniskas, Zaida Murray, Nubia Quiros, Rubén Quiros, Miriam Knowles-Segura, Teodoro Segura

TABLA DE CONTENIDOS

Prólogo xi
Introducción 1

TU DECISIÓN

CAPÍTULO 1: ¿Qué hace tan único a Jesús? 15
CAPÍTULO 2: Asegurándote que eres su nueva creación 37

TU CRECIMIENTO

CAPÍTULO 3: Mantente conectado a Jesús. 63
CAPÍTULO 4: Comienza a aprender acerca de Jesús 99
CAPÍTULO 5: Comparte la vida en tu nueva comunidad 143

TU IMPACTO

CAPÍTULO 6: Muestra y comparte. 175
CAPÍTULO 7: Viviendo lleno de poder 193

Conclusión 235

Recursos para ayudarte a crecer 239
Bibliografía 241

PRÓLOGO

Recibir a Cristo y convertirse en una nueva creación, convertirse en algo *completamente nuevo,* es un poco como el paracaidismo; hay una descarga de adrenalina tan pronto te armas de valor para saltar y comenzar tu caída por el aire a 150 millas por hora. ¡Es la gloria (al menos para *algunos* terrícolas)! Pero luego jalas la cuerda; tu paracaídas se despliega, y dentro de poco vuelves a tierra firme.

Fue una gran aventura, pero ¿ahora qué? Esto puede describir la experiencia de muchos que han "orado la oración." Pero después la vida suele continuar de la misma manera que antes. ¿El problema? No han descubierto la alegría de vivir *completamente nuevos* diariamente.

He conocido y he colaborado estrechamente con el pastor Les por más de 25 años, y quien lo ha hecho se da cuenta rápidamente que él se apasiona por ayudar a que los demás experimenten la salvación y la vida *completamente nueva* que Jesús ofrece. Sin embargo, uno no puede dirigir una iglesia de varios miles de personas (además de sus múltiples congregaciones) sin estar inevitablemente inundado por una multitud de otras tareas: problemas pastorales de todo tipo, administración, juntas estratégicas, reuniones de equipo, varias reuniones de oración y preparación de sermones—sin mencionar responsabilidades de marido, padre y abuelo. (Les, aunque es muy jovial y *divertido*, de hecho ¡es abuelo más de una vez!). Por consecuencia inevitable y por tantas responsabilidades, muchos líderes cristianos ayudan a los demás a comenzar una relación con Jesús y a crecer como seguidores (lo cual ellos predican y enseñan), pero por tener el tiempo limitado, ellos terminan desatendiendo esto en sus propias vidas.

En este aspecto, Les es único entre los centenares de líderes cristianos que yo he conocido en los últimos 50 años. Ya sea en Starbucks, la tintorería, Chick-fil-A o el gimnasio, Les simplemente no puede dejar de charlar del evangelio (y a menudo convivir personalmente con aquellos que responden)— no obstante sus intensas responsabilidades dentro de la iglesia. Y esto es lo que lo califica para escribir este libro; *él practica lo que predica*—está en su ADN y arde como un fuego en su corazón.

Es de este estilo de vida de proclamación apasionada que este libro llegó a ser escrito. Existen muchos libros para "buscadores" y aún hay más libros, largos y cortos, teológicos y básicos, que explican la salvación por la fe en Cristo y cómo recibir a Jesús personalmente, pero pocos saben "desempacar" lo que *verdaderamente significa* ser una nueva creación.

Si estás en el proceso de querer entender quién es Jesús y en qué consiste seguirlo a Él, ¡entonces este libro es para ti! Si estás batallando para librarte de ataduras y adicción, este libro romperá tus cadenas. Si has decidido seguir a Jesús pero te confunden ciertas palabras como *justificación y regeneración* y términos como "vuelto a nacer," este libro hará que estas verdades fundamentales (y frecuentemente complicadas) sean transparentes. Si ya le has dado tu vida a Jesús, pero no estás seguro si debes unirte a una comunidad de cristianos (una iglesia), este libro te explicará por qué es vital hacerlo (¡inmediatamente!). Si has oído que el Espíritu Santo puede darle poder a tu vida en formas extraordinarias (¡y mantenerte *completamente nuevo!*), pero no tienes idea de cómo, este libro será tu GPS. Si quieres aprender cómo orar gozosa y persistentemente (¡y ver las respuestas!), este libro te guiará. Si has descubierto que compartir tu nueva fe es algo fundamental como seguidor de Jesús, pero al hacerlo te mueres del miedo, *entonces simplemente comienza regalándole este libro a tus amigos.* Si quieres saber cómo la Biblia puede cobrar vida y ser tu pan de cada día, este libro puede ser la llave para abrirla.

Libros cristianos no faltan, pero este es uno que no tan solo debes comprar y leer para ti mismo; también deberías comprar múltiples copias y regalarlas. Déjame explicarte por qué...

Si yo pudiera recomendar solamente un libro para leer (¡y regalar!) a alguien que desea encontrar y seguir a Jesús, ¡sería *Completamente Nuevo*!

RAY MAYHEW
Ex-plantador de iglesias y entrenador de liderazgo en el Reino Unido (UK) y el Medio Oriente; pastor de estudios bíblicos, iglesia Lifegate; actual escritor, instructor y mentor para trabajadores de plantación de iglesias con el movimiento Antioch Movement, Waco, Texas

INTRODUCCIÓN

*Por lo tanto, si alguno está en Cristo, es una **nueva creación**. ¡Lo viejo ha pasado, ha llegado ya lo nuevo!*

II Corintios 5:17 NVI [énfasis añadido]

Aunque era diciembre, la noche estaba muy calurosa y húmeda conforme yo caminaba de la estación de taxis hacia mi casa. En ese entonces, yo vivía en Tsoying, un pueblo en la isla de Taiwán. Acababa de visitar la casa de un amigo que me contó (otra vez) la historia de cómo él descubrió una vida **completamente nueva** al confiar en Jesús enteramente. Todos mis argumentos de por qué pensé que esto no era posible se estaban derrumbando al enfrentar la historia convincente y consistente de cómo su vida había cambiado drásticamente para mejor.

Durante los últimos seis meses de nuestra amistad, yo le había dado todas las razones de por qué una persona debería "ser buena" para poder irse al cielo y "ganarse el camino" a través de buenas obras. Intenté yo mismo darme un pase con escusas como: *Soy un simple humano y no soy una persona muy mala.*

¿Pueden algunos de ustedes identificarse con esto?

Falta de paz y propósito, culpabilidad abrumante, la fachada de control que yo pensé tener; todo esto capturó mi atención. Pero yo no podía escaparme de la verdad que mi amigo seguía repitiendo: Nadie es suficientemente bueno, y por eso Dios nos tiene que dar una vida **completamente nueva** a través del regalo que es Su hijo Jesús.

Yo quería esa vida pero tenía miedo. ¿Qué pasa si fracaso? ¿Y si no estoy a la altura de esto? ¿Qué tal si nada de esto era real?

Estas preguntas y pensamientos conflictivos daban vueltas en mi cabeza conforme me dirigía a mi casa ya tarde esa noche. Había perdido toda la confianza de que mis propias creencias acerca de Dios, la vida, y la eternidad podrían resultar en mi perdón, libertad y vida eterna al morir. Yo quería lo que tenía mi amigo Doug: seguridad, paz verdadera y una vida cambiada.

Cuando cerré la puerta de mi habitación, sentí un escalofrío, posiblemente por el aire acondicionado que zumbaba en la ventana, pero quizás era algo más que eso. Yo sabía que había llegado a una encrucijada y que tenía que tomar una decisión.

INTRODUCCIÓN

Y entonces la verdad me pegó como un tren de carga. Yo era culpable de todos los cargos. Sentí un dolor como puñalada en el corazón y las palabras en mi cabeza me abrumaban: "Ya no sigas jugando a ser Dios. Tú no eres Dios y nunca lo serás. Tú no estás en control. Tú has fracasado. Ya es hora de confesar que eres culpable y que necesitas ser perdonado. Es hora de que te rindas a Mi Amor."

¿Estaba hablando Dios, o estaba hablando yo? Eso no importaba. Era cierto.

Sentí tanta culpabilidad y el peso parecía presionarme hacia abajo hasta que mis rodillas golpearon el piso de loza, frío y duro. Así como una presa de agua cuando se rompe, palabras de confesión y compromiso se desbordaron de mi boca, "Yo no soy bueno. Soy culpable. No puedo ser suficientemente bueno. Dios, ten misericordia de mí. Si tú pudieras encontrar en Tu corazón la manera de perdonarme, yo te seguiré y serviré todos los días de mi vida. Pongo mi confianza solo en Jesús. Cambia mi vida. Amén."

La calma.

La paz llenó mi cuarto. No estaba seguro qué había ocurrido en ese momento, pero yo estaba seguro de estar comprometido. Me fui a dormir.

Cuando desperté, mi primer pensamiento fue acerca de lo que había hecho la noche anterior. ¿Era real?

Abrí las cortinas y me asombró lo que vi. Era como si toda mi vida una capa aceitosa y sucia había cubierto mis ojos, y ahora el sol, los árboles, y los pájaros brillaban con una belleza sin filtros. Lo que antes estaba borroso ahora se veía claro, prístino, y sorprendente. Lo que antes estaba en blanco y negro, ahora estaba a color. Sin estar seguro de lo que estaba sucediendo, caminé por el pasillo de nuestra casa y vi a mi mamá (que, a propósito, me había platicado varias veces acerca de Jesús; habíamos discutido seguido, y yo estaba viviendo en un estado de enojo y frustración con ella). En el momento que yo la vi, me sorprendí por el amor que inundó mi corazón.

¿Qué está pasando? ¿Qué le pasó al "yo" de antes? ¿Al "yo" enojado, juzgón y odioso?

Desapareció. Me convertí en una nueva creación, así como declara el versículo de la Biblia al principio de este prólogo. ¡Yo era **COMPLETAMENTE NUEVO!** Y estaba a punto de descubrir una vida que no podía ni comenzar a imaginarme.

Desde esa noche de diciembre de 1976, la presencia de Dios ha sido más real para mí y Sus planes más gratificantes cada año.

Si has leído hasta aquí, lo más probable es que has tomado una decisión similar de entregarle tu vida completamente a Jesús. O tal vez tienes curiosidad acerca de Su vida, enseñanzas y afirmaciones sorprendentes.

INTRODUCCIÓN

Si tomaste esa decisión, ¡felicidades y bienvenido a una vida **completamente nueva**!

Si todavía estás en el camino de descubrimiento, no te detengas.

Ahora, yo tuve la gran ventaja de tener a mi amigo Doug para ayudarme a comprender y crecer en mi fe. Todavía creo que esta es la mejor forma de crecer como "nueva creación" de Dios. Sin embargo, no todo mundo tiene un amigo así. El libro que tienes en las manos fue escrito para ti para ayudarte a experimentar completamente, y comprender más claramente, el cambio tan increíble que te acaba de ocurrir. Está diseñado para llevarte progresivamente a través de los conceptos básicos de la fe y para ayudarte a vivir la vida de constante perdón, libertad, paz y propósito que solo se encuentra en una diaria relación personal con Jesús. Lo puedes leer a solas o junto con otro seguidor de Jesús para que lo puedan discutir.

Escribí a propósito para aquellos que apenas van comenzando esta vida completamente nueva pero también para los que no tienen a alguien que les conteste sus preguntas, ore con ellos y les ayude a conocer más a Jesús. Estoy orando por ti y pidiéndole a Dios que comience el proceso en ti por el cual crecerás a ser la persona que Él siempre quizo que fueras.

Comencemos con un versículo maravilloso de la Biblia. ¡Es una promesa de Dios para ti y para mí acerca de Sus planes para aquellos que escogen seguirlo a Él!

"*Pues yo sé los planes que tengo para ustedes—dice el Señor—. Son planes para lo bueno y no para lo malo, para darles un futuro y una esperanza.*"

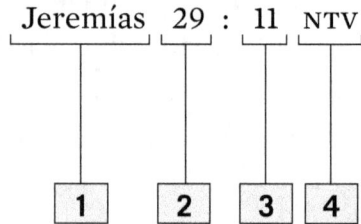

ENTENDIENDO REFERENCIAS DE LAS ESCRITURAS

Si no conoces la Biblia, la notación "Jeremías 29:11 NTV" puede que no tenga sentido. Para ayudarnos a encontrar pasajes en la Biblia, usamos lo que se llama una referencia Bíblica.

Por ejemplo, esta referencia consiste en lo siguiente:
1. El **libro**, o sección de la Biblia, es *Jeremías*.
2. El **capítulo** en Jeremías es el 29.
3. El **versículo**, dentro del capítulo, es el 11.
4. La **versión** de la Biblia es NTV lo cual significa la Nueva Traducción Viviente. Hay muchas versiones. Probablemente has oído de la versión Reina Valera que usa un español más antiguo (como "vosotros sois"). La Reina Valera Actualizada (RVA) usa un español más moderno. Las diferentes versiones nos ayudan a leer la Biblia en el lenguaje común de la gente, lo cual ha sido el deseo de Dios desde el principio. Yo usaré una variedad de versiones y espero que sean más fáciles de comprender porque están "al día" con el lenguaje moderno.

Esta descripción se aplica a todas las referencias bíblicas. Un versículo que posiblemente veas en banderines en los juegos de fútbol es "Juan 3:16." Para encontrarlo en la Biblia, encuentra el libro de Juan, el tercer capítulo y el versículo dieciséis. Espero que esto te ayude.

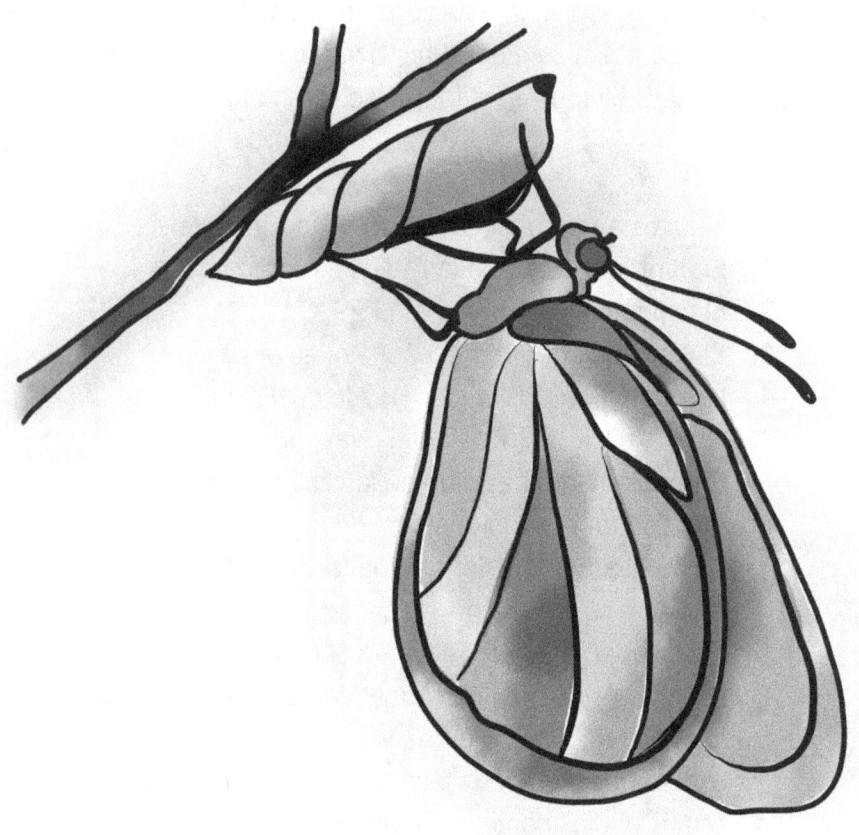

INTRODUCCIÓN

En verdad yo no entendía la Biblia cuando elegí seguir a Jesús. Que esto te de ánimo conforme lees. El aprender a "entenderle" a la Biblia es una jornada que toma tiempo. La Biblia es una carta de amor (claro, una bastante larga) escrita a aquellos que Dios ama. <u>Hasta que</u> escojamos amar a Dios y dejemos que Él nos ame, nunca podremos entender esta carta de amor completamente. De hecho, la Biblia dice que cuando confiamos completamente en Jesús, experimentamos una metamorfosis (como cuando una oruga repulsiva se convierte en una mariposa monarca preciosa), un renacimiento para ser la persona que Dios siempre quiso que fuéramos.

Veamos nuestro primer versículo otra vez:

> *Por lo tanto, si alguno está en Cristo, es una **nueva creación**. ¡Lo viejo ha pasado, ha llegado ya lo nuevo!*
> II Corintios 5:17 NVI [énfasis añadido]

Este versículo nos dice que cuando dejamos nuestra manera de hacer las cosas y escogemos el camino de Jesús, ¡nos convertimos en una nueva creación! Yo no usé esas palabras para describir lo que me pasó cuando me arrodillé en el piso de mi cuarto en 1976. Pero cuando me comprometí con Jesús, ¡algo verdaderamente ocurrió! Yo no era la misma persona. Un "yo" nuevo nació por dentro: misma piel, persona diferente. Yo ya no quería vivir para mí mismo.

PRACTICANDO LO APRENDIDO

¿Alguna vez has leído un libro que habla de tantas cosas que, para cuando vas acabando, no te puedes acordar ni de la mitad? Para ayudarte a no tener esa experiencia al final de este libro, me encontrarás deteniéndome periódicamente en secciones que he nombrado *Practicando lo Aprendido*. Estas son oportunidades para aplicar lo que has leído. Y creo que, al hacer esto, vas a encontrar que estas verdades se harán parte de tu vida diaria.

Cuando llegues a estas secciones, trata de tomar un momento donde sea que estés: una biblioteca, un café, un asiento en un bar, tu habitación, tu escritorio, tu automóvil, y pídele a Dios que comience a enseñarte cómo vivir esta vida completamente nueva como seguidor de Jesús. Tú puedes pedir (orar) en silencio o en voz alta si quieres. Usa tus propias palabras o repite estas:

INTRODUCCIÓN

ORACIÓN

Dios, yo sé que tú estás trabajando en mi vida. Por eso yo estoy leyendo este libro. Yo quiero aprender qué significa ser un seguidor de Jesús. En esto soy un principiante. Necesito tu ayuda. Gracias. ¡Amén!

(Por cierto, *amén* significa, "¡que así sea!" o "¡eso es lo que pasa!")

TU DECISIÓN

CAPÍTULO 1
¿QUE HACE TAN ÚNICO A JESÚS?

Me encontré con un hombre llamado John en la sección de llantas de la tienda Walmart. Él me dijo que solía venir a la iglesia donde yo predico. Las palabras "solía venir" siempre me han llamado la atención, así que decidí preguntarle por qué ya no asistía. Su respuesta fue, "Me cansé de todos los hipócritas, así que decidí cambiar de religión y encontré una en donde tienen comidas comunales regularmente."

No pude escucharte mientras leías esa última oración, pero me imagino que dijiste algo así como, "¿Qué?" John se perdió de la realidad más importante de nuestra vida espiritual. Esto no se trata de dónde asistes a la iglesia, sino a quién acudes para tu vida.

Y definitivamente no se trata de comidas comunales.

Te has dicho a ti mismo alguna vez, "No importa a quién adoras siempre y cuando seas sincero. ¿Qué no todas las religiones son iguales de todos modos?"

Yo creo que esta declaración es parcialmente, pero no enteramente, cierta. Algunas de las falsedades más peligrosas son en realidad verdades parciales. Déjame explicar. Todas las religiones del mundo, desde el budismo, el islam, el hinduismo, el judaísmo, y el paganismo ofrecen un camino a Dios que depende de rituales religiosos, nuestro comportamiento o una forma de vida particular para ganarse una mejor existencia ahora y con suerte asegurarse una cómoda hamaca en la siguiente vida. Palabras como *el cielo, moksha eterna, paraíso, trascendencia, unidad con el universo,* y *nirvana* son solo unos pocos términos que se usan para describir la meta final de la religión. Cada una tiene sus maestros, líderes, profetas y fundadores quienes muestran a la gente la manera en que deben vivir. Y cada religión cree en alguna forma de juicio, ajuste de cuentas, o karma.

- La religión se trata de **seguir** la ley, los rituales, o dar limosnas para ser virtuoso.

- La religión se trata de **permanecer en un camino** que lleva a Dios, a la paz y al cielo.

- La religión se trata de **intentar compensar por** nuestras malas obras haciendo buenas obras.

- La religión se trata de **tener la esperanza de llegar** hasta el final, pero sin nunca estar seguro (Proverbios 14:12).

Aquí es donde las cosas cambian al tratarse de Jesús y por qué "todas las religiones son las mismas" no es toda la verdad. El seguir a Jesús no debe de ser para nada una religión.

Seguir a Jesús es una Relación.

- Jesús no vino a ayudarnos a ser suficientemente buenos. Él vino porque ninguno de nosotros *somos* lo suficientemente buenos para ser aprobados en el juicio, o al dar cuentas, por las múltiples maneras en que le hemos faltado a Dios y a otros en esta vida.

- Jesús no vino a **enseñarnos** el camino a la vida sino a **ser el camino** para que lo podamos seguir a Él (Juan 14:6).

- Jesús vino a morir en la cruz y pagar la culpa y el castigo por nuestras malas obras (Isaías 53:6).

- Jesús vino para que pudiéramos tener una relación personal con Dios a través de la fe en Él y tener la certeza de la vida eterna.

La religión dice, "**HAZ** y ten esperanza en que lo hiciste suficientemente bien." Jesús dice, "**ESTÁ HECHO.** Lo que hice por ti en la cruz te ha hecho suficientemente bueno." Su muerte y Su resurrección nos han limpiado completamente de nuestros errores y proveído un camino hacia una relación y vida eterna para todos los que ponen su confianza en Él. No es lo que haces; es a quién conoces y sigues (Juan 17:3; Hebreos 4:15).

Jesús no es solo una figura religiosa. Él no es solo un buen maestro. Él no fue solo un buen hombre. Él no es uno de muchos dioses opcionales del hinduismo.

Jesús **ES** Dios y llama a cada persona a que lo sigamos.

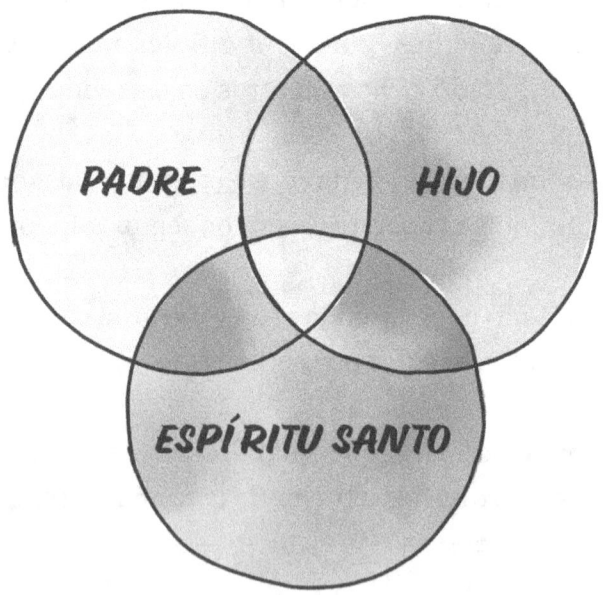

Ahora, antes de describir quién es Jesús un poco más (y lo que hace que Él sea totalmente único), te tengo que platicar de

CAPÍTULO 1: ¿QUE HACE TAN ÚNICO A JESÚS?

una palabra que posiblemente hayas oído antes: "la Trinidad." ¡Anda! No dejes que esta palabra te intimide. Yo sé que puede sonar un poco como un código religioso o algo así, pero es más bien una palabra que describe una realidad que, aunque sea un ENORME misterio, es cierta.

¿Estas listo para esto?

Hay un Dios verdadero y viviente, y Él escoge expresarse a sí mismo en tres seres diferentes, ¡todo al mismo tiempo! Yo sé, es descabellado, ¿verdad? Pero es cierto. La primera pista que tenemos de que Dios es Uno, pero también más de Uno, es en el primer libro de la Biblia cuando Dios crea a la humanidad.

> *Entonces Dios dijo: "Hagamos a los seres humanos*
> *a nuestra imagen, a nuestra semejanza."*
> Génesis 1:26 NBV

Te preguntarás ¿por qué es esto tan importante? Porque si no sabes esto, te podrías confundir al aprender más acerca de Jesús. En la Biblia, Dios se revela a sí mismo como:

Dios Padre (Lucas 3:22)
Dios Hijo/Jesús (Hebreos 1:1-3)
Dios Espíritu Santo (Juan 14:26)

He descubierto que mantener las cosas simples me ayuda a entender cosas que son complicadas. H_2O. Agua. Este compuesto químico puede manifestarse como hielo, vapor y líquido, y, al mismo tiempo, sigue siendo agua. Una manzana está compuesta de la cáscara, la fruta y las semillas teniendo todas diferentes funciones y, sin embargo, siguen siendo la misma manzana. Dios se manifiesta como Padre, Hijo y Espíritu Santo, pero al mismo tiempo, sigue siendo un solo Dios. Si el compuesto químico más esencial sobre la tierra, o algo tan común como una manzana pueden ser una misma cosa, pero teniendo tres expresiones, ¿Es posible que el Creador del agua y las manzanas pueda ser uno, y a la vez expresarse en tres personas?

Yo sé, ¡es alucinante! Estar consciente de la Trinidad es importante si es que vamos a ver qué tan único es Jesús entre todos los maestros religiosos y líderes de las religiones del mundo. Él es la única expresión de Dios que podríamos ver, escuchar y tocar. Él caminó sobre la tierra para que pudiéramos saber lo que es caminar a diario con él. Si vamos a hablar de algo que es único, esto es enorme.

Como dije, esto es un misterio, pero ayuda a pensar en esto cuando comiences a leer la Biblia y te estés preguntando "¿Cuál de estos tres es Dios?" La respuesta es, todos ellos "es" Dios ya que solo hay un Dios (no es buena gramática, pero sí buenas noticias).

PRACTICANDO LO APRENDIDO

Acabamos de enfrentar dos verdades que pueden ser completamente nuevas para ti.

1. El seguir a Jesús es una relación, no una religión.
2. Dios es la Trinidad: un Dios expresándose en tres personas al mismo tiempo.

Tómate tu tiempo para regresar y leer esto de nuevo. Luego pasa un minuto o dos agradeciéndole a Dios que, dada la vida que Jesús ofrece, tú ya no tienes que estar en el círculo vicioso de la religión.

Hablemos de tres GRANDES ideas que describen todavía más la singularidad de Jesús.

1. JESÚS ES DIOS, VINIENDO A NOSOTROS ANTES QUE JAMÁS PUDIÉRAMOS VENIR HACIA ÉL.

Dios estuvo tan preocupado por el estado de nuestras vidas que, en vez de enviar un mensaje para ayudarnos, se envió a sí mismo, Jesús, como un humano para vivir con nosotros, sanarnos, enseñarnos y llamarnos a seguirlo. Él no nació en una familia privilegiada. Él nació en la pobreza. Los que tenían todo en orden no eran los que lo atraían. Él buscó a aquellos que sabían que no tenían todo en orden. Él no vino a establecer un sistema de conducta que nos llevara hacia Dios. Él vino a ofrecerse a sí mismo como el único que podía rescatarnos de nuestras decisiones destructivas.

> *Porque de tal manera amó Dios al mundo, que dio a Su Hijo unigénito, para que todo aquel que cree en Él, no se pierda, sino que tenga vida eterna. Porque Dios no envió a Su Hijo al mundo para juzgar al mundo, sino para que el mundo sea salvo por Él.*
> Juan 3:16-17 NBLA

Dios envió a Su Hijo al mundo y a cualquier situación en la que tú te encuentres. Jesús no te pide que limpies tu vida y que luego lo sigas. Él nos invita a cada uno a poner toda nuestra confianza solamente en Él, para que Él pueda traer luz a las áreas obscuras de nuestras vidas y comenzar nuestra gran transformación a una nueva creación, una persona que le pertenece a Él.

2. JESÚS ES EL HIJO DE DIOS, MURIENDO EN NUESTRO LUGAR PARA PERDONARNOS

¿Puedes pensar en alguna palabra en la lengua española que traiga más temor que la palabra *cáncer*?

Después de que mi esposa fue diagnosticada, no solo una vez, pero dos veces, con cáncer de mama, ella y yo experimentamos el miedo que trae el cáncer. Con el descubrimiento del cáncer en su cuerpo, comenzamos una difícil y dolorosa batalla por su vida. Después de una doble mastectomía, otras numerosas cirugías, quimio y radiación, por la bondad de Dios, mi esposa salió de ello con vida. Pero no teníamos por seguro que ella sobreviviría. En vez, requirió que estuviéramos dispuestos a escuchar la opinión de los expertos, hacer todo lo necesario y confiar en Dios a través de toda esta terrible experiencia.

¿Por qué estoy mencionando el cáncer? Porque no hay nada que conozco en el mundo físico que sea tan semejante a la realidad de un cáncer espiritual maligno y terminal, que ha infectado a cada ser humano en nuestro planeta. A este cáncer, la Biblia lo llama **pecado**. Yo sé, has escuchado esa palabra tantas veces y en tantos contextos, desde los presentadores de programas de televisión tomando este tema a la ligera, hasta las bocas rabiosas de aquellos que se hacen llamar "cristianos" que no actúan cristianamente para nada. Tal vez prefieras no escuchar esa palabra jamás.

Sin embargo, evadir la palabra *pecado* y el concepto, por opiniones equivocadas o parciales, sería como evadir a un oncólogo y luego pedirle a un contador que diagnostique la masa que tienes en el cuello. Cuando la Biblia habla del *pecado*, me ayuda a darme cuenta de que está hablando de un cáncer espiritual maligno.

El pecado es cáncer del alma y del espíritu. Está trabajando para destruir el diseño original de Dios de paz, propósito y de tener una relación con Él. El pecado es siempre mortal (Romanos 5:12).

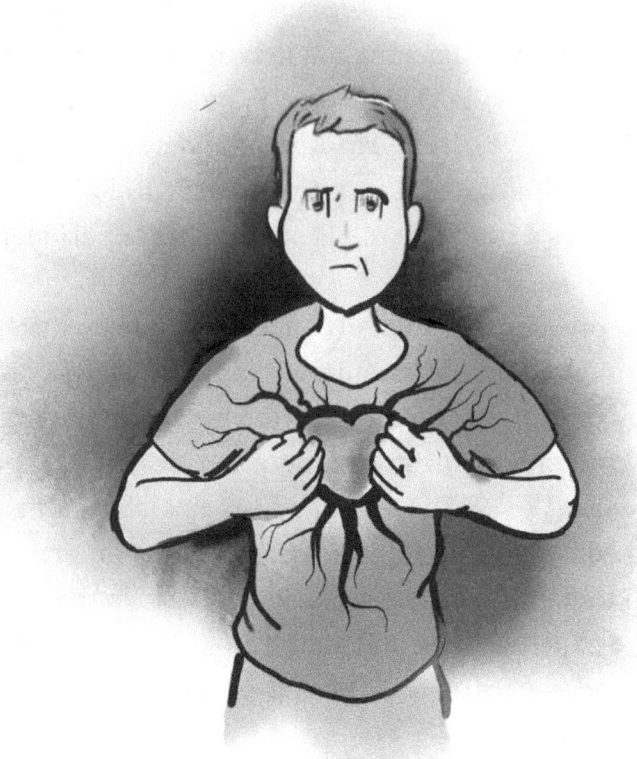

El pecado es un cáncer espiritual.

Este cáncer espiritual entró a la raza humana cuando los primeros padres del mundo, Adán y Eva, tomaron la decisión de romper la relación que tenían con su Creador y vivir para sí mismos, no para Dios o el uno para el otro. Su pecado entró en el ADN espiritual que cada persona hereda al nacer.

Automáticamente, nosotros nacemos con un gene de cáncer espiritual. Luego nos descarrilamos al poner nuestra confianza en nosotros mismos y hacer todo a nuestra manera. El cáncer espiritual luego se esparce cada vez que decidimos enfocarnos en nosotros mismos y no en Dios. A menudo me recuerdo a mí mismo que en medio del pecado está nuestro egoísmo.

El pecado es ponerme a mí mismo primero,
antes que a Dios y a los demás.

Casi todas las religiones del mundo también reconocen este cáncer espiritual y tratan de solucionarlo con escrituras y reglas que exigen buen comportamiento, esperando que sea suficiente para que cuente más que los efectos del pecado.

Porque por las obras de la ley ningún ser humano será justificado delante de Él; pues por medio de la ley viene el conocimiento del pecado.
Romanos 3:20 NBLA

Este pasaje nos enseña nuestra tendencia a tratar erróneamente nuestro cáncer espiritual intentando ser buenos (haciendo lo que dice la ley). El verdadero propósito de la ley, la que Dios les dio a la gente en la Biblia y a nosotros (por ejemplo, los Diez Mandamientos, etc.) es en realidad para diagnosticar el cáncer espiritual, probando que hemos fallado grandemente una y otra vez y que necesitamos una cura.

¿Todavía no estás seguro de creer todo esto? Hazte dos simples preguntas: ¿Alguna vez has sido egoísta en pensamiento, palabra, o acción? ¿Alguna vez te has sentido culpable después? Sé que yo lo he hecho. Esa culpabilidad es porque nos fuimos en contra de lo que era correcto y bueno. Esto prueba que tenemos la enfermedad mortal de cáncer espiritual: el pecado. La persona que tiene el mayor riesgo de morir de cáncer físico o espiritual es aquella que niega que lo tiene. Los resultados son devastadores no solo para ellos sino para todos los que forman parte de su vida.

¿Recuerdas la combinación de estrategias que necesitamos en la batalla victoriosa de mi esposa sobre el cáncer? Ella tuvo que escuchar a los expertos, hacer lo que fuera necesario y confiar en Dios a través de todo el suplicio. Esta misma combinación es como nos curamos del cáncer espiritual: opinión experta, tratamiento comprobado, confianza total en Dios.

OPINIÓN EXPERTA:
Lo que Jesús dice acerca del pecado

Por eso les dije que morirán en sus pecados; porque si no creen que Yo soy, morirán en sus pecados.
Juan 8:24 NBLA

TRATAMIENTO COMPROBADO:
Lo que Jesús, el Salvador, hace para tratar nuestro cáncer espiritual

Jesús fue el único que ha nacido libre de este cáncer. Su ADN espiritual no fue infectado con esta enfermedad terminal, sin embargo, Él escogió poner todo nuestro pecado mortal en una jeringa e inyectarse, pagando el máximo precio en la cruz. Por su profunda compasión y perfecto amor, Su muerte salvó nuestras vidas.

> *Cristo mismo llevó en su cuerpo nuestros pecados a la cruz, para que muramos al pecado y llevemos una vida justa.*
> I Pedro 2:24 NBV

CONFIANZA TOTAL:
Lo que receta Jesús como la Clave para la Vida

Sin embargo, este tratamiento nunca funcionará a menos que sea aplicado con confianza total en Jesús—el único que puede curar.

> *Jesús le contestó: "Yo soy la resurrección y la vida; el que cree en Mí, aunque muera, vivirá, y todo el que vive y cree en Mí, no morirá jamás."*
> Juan 11:25-26 NBLA

Nosotros vemos en la Biblia que la gente religiosa siempre estaba acosando a Jesús. Ellos creían en la mentira que el camino hacia Dios era a través de hacer buenas obras o acciones. Ellos le preguntaron a Jesús cuál cosa debían HACER para estar bien con Dios. Puede que su respuesta te sorprenda:

> *Jesús les dijo: —La única obra que Dios quiere que hagan es que crean en quien él ha enviado.*
> Juan 6:29 NTV

La única cosa que Dios quiere de nosotros es la confianza total. No las buenas obras o acciones para ganar su aprobación. Jesús ya lo ha HECHO todo por nosotros.

Si estás asombrado por el amor y la bondad de Dios al leer esto, es normal. La Biblia tiene una palabra para describir este espléndido derrame de amor sobre todos aquellos que confían en Jesús: La gracia.

Esta es una palabra que vas a leer muchas veces en el Nuevo Testamento de la Biblia. Significa, _recibir lo que no merezco_. La gracia es el amor, presencia, perdón, y vida de Dios. Es Jesús iniciando nuestro rescate. Es Jesús amándonos cuando no teníamos amor o interés hacia Él.

> *Pero Dios mostró el gran amor que nos tiene al enviar a Cristo a morir por nosotros cuando todavía éramos pecadores.*
> Romanos 5:8 NTV

Podemos recibir paz, perdón y vida (las riquezas de Dios) porque Jesús murió por nosotros (le costó a Cristo). El resultado de seguir el "tratamiento" de Dios es una vida nueva y una transformación a una nueva creación, una creación sin cáncer espiritual.

Ahora vivimos como hijos de Dios que son libres, amados, perdonados, y purificados.

¿Por qué hizo todo esto Jesús? Él lo hizo por amor, para restaurarnos al diseño original de Dios para una relación sin obstáculos con Él y con los demás. Esta vida nueva la ha resumido hermosamente el apóstol Pablo en el siguiente versículo. Es una vida en donde ni tú ni yo estamos en el centro:

> *Y por todos murió, para que los que viven, ya no vivan para sí, sino para Aquel que murió y resucitó por ellos.*
> II Corintios 5:15 NBLA

Como una nueva creación de Dios, hay un cambio que sucede en ti. Ingresas a una vida perdonada y libre de estar viviendo solo para ti mismo.

Pero ¿Cómo? Eso es lo que me preguntaría. Tal vez pudieron vivir para Jesús en el primer siglo porque Él estaba con ellos, mostrándoles, hablando con ellos, alentándolos y haciendo cosas milagrosas, como alimentando a más de 5000 personas en una comida (Mateo 14:13-21).

Pero ¿cómo puedo seguir las palabras de Jesús y sus caminos sin tenerlo a Él aquí?

La respuesta es sencilla: por fe.

La respuesta completa es: con Su presencia y ayuda.

3. JESÚS PROMETE EL ESPÍRITU: DIOS VIVIENDO DENTRO Y A TRAVÉS DE NOSOTROS

Cuando Jesús fue bautizado en el Río Jordán, la voz de Dios Padre habló desde el cielo diciendo, "Este es mi Hijo amado; estoy muy complacido con él" (Mateo 3:13-17). Pero también sucedió algo más. El Espíritu de Dios descendió sobre Jesús en forma de paloma. El Espíritu entonces guió a Jesús durante el resto de su vida terrenal y su ministerio. Y en realidad fue Él quien *lo resucitó de la tumba* (Romanos 8:11).

La promesa y plan de Jesús para nuestras vidas, como sus nuevas creaciones, son lo que Él modeló en su propia vida cuando vivió entre nosotros. Cuando ponemos toda nuestra confianza en Jesús, el mismo Espíritu que descendió sobre Él vivirá en nosotros, afirmando que le pertenecemos a Dios y mostrándonos cómo vivir para Él.

¡Espera un minuto! ¿Estoy diciendo que aparte del perdón de Dios y la cura total del cáncer espiritual, además de tener una relación real y personal con Él, además de su carta de amor que es la Biblia, además de ayudarme a conocerlo y seguirlo, Él también va a vivir dentro de mí por Su Espíritu y va a guiarme al yo ir aprendiendo a vivir como su nueva creación?

¡Sí! Eso es exactamente lo que estoy diciendo.

Mira este pasaje y maravíllate con lo que Jesús dijo a sus seguidores, y a nosotros, antes que volviera al cielo:

> "No los voy a dejar huérfanos; volveré a ustedes. Dentro de poco el mundo ya no me verá más, pero ustedes sí me verán. Y porque yo vivo, también ustedes vivirán. En aquel día ustedes se darán cuenta de que yo estoy en mi Padre, y ustedes en mí, y yo en ustedes...
>
> Todo esto lo digo ahora que estoy con ustedes. Pero el Consolador, el Espíritu Santo, a quien el Padre enviará en mi nombre, les enseñará todas las cosas y les hará recordar todo lo que les he dicho. La paz les dejo; mi paz les doy. Yo no se la doy a ustedes como la da el mundo. No se angustien ni se acobarden."
>
> Juan 14:18-20; 25-27 NVI

Vivir como un seguidor de Jesús no es igual que ser perdonado por Dios y ahora tratar de mantenerte limpio hasta tu último día de vida. De cualquier manera, no puedes, no importa que tanto trates. Eso sería ir hacia atrás, no hacia adelante: volviendo a una vida de continuo esfuerzo por ser "suficientemente bueno."

O, en otras palabras: la religión.

En cambio, la vida como una **nueva creación** de Dios, un seguidor de Jesús, se vive con y a través del Espíritu de Dios, Quien, por decirlo así, es Jesús viviendo con nosotros (¿Recuerdas la Trinidad "tres-en-uno"?). O, como habrás escuchado a algunos decir, "Jesús viviendo en mi corazón."

> *El Espíritu de Dios es la forma en que Jesús puede vivir en todos sus seguidores al mismo tiempo.*

> *Y porque ustedes son hijos, Dios ha enviado el Espíritu de Su Hijo a nuestros corazones, clamando: "¡Abba! ¡Padre!" Por tanto, ya no eres siervo, sino hijo."*
> Gálatas 4:6-7 NBLA

Sé que esto es mucho que asimilar, y tal vez sientas que has estado tomando agua de una manguera para bomberos. ¿Te puedo alentar a que no veas este libro como algo que tienes que acabar lo más pronto posible, pero en vez, puedes leerlo y hojearlo lentamente, pensativamente, y con oración? Aparte de subrayar ciertas cosas, seguido escribo mis pensamientos o preguntas en los márgenes de los libros que estoy leyendo. Podrías tratar de escribir tus pensamientos en la sección designada *Practicando lo*

Aprendido. También es muy útil pedirle al Espíritu Santo (habla con Él como lo harías conmigo si estuviéramos sentados juntos) que te ayude a entender todo lo que está sucediendo dentro de ti y todo lo que Él quiere enseñarte. Él es un maestro bueno y paciente.

PRACTICANDO LO APRENDIDO

Has estado aprendiendo algunas cosas asombrosas, lo sé. Cosas como *cáncer espiritual* y que Jesús se destaca de entre todas las deidades religiosas y líderes del mundo en que:

- Dios eligió estar con nosotros
- Dios eligió morir por nosotros
- Dios mandó Su Espíritu para vivir en nosotros

Este es un buen momento para respirar profundamente y darle gracias a Dios por amarte tanto.

He descubierto que es un buen ejercicio decir en voz alta de vez en cuando:

Dios me ama.

¿Te puedo invitar a que lo digas o lo escribas, no una vez, sino cuatro o cinco veces seguidas? Te animo a que creas esto, aunque lo sientas o no. Cuando haces esto, estás afirmando la realidad más poderosa en toda la creación: ¡Dios te ama!

Pruébalo. Yo te espero.

ORACIÓN

Espíritu Santo, habla con cada persona que está leyendo estas palabras para que puedan empezar a conocer el amor de Dios en su plenitud.
Amén.

CAPÍTULO 2
ASEGURÁNDOTE QUE ERES SU NUEVA CREACIÓN

Puede que al leer el título de este capítulo te encuentres diciendo, "Yo pensé que estaba seguro. Es por eso que estoy leyendo este libro." Pero después de haber ayudado a mucha gente a tomar la decisión de convertirse en seguidores de Jesús, he descubierto que es importante estar absolutamente seguros antes de seguir adelante. Verás, en la Biblia, la mayoría de la gente que andaba con Jesús, las multitudes, querían lo que Él podía darles. Pero pocos querían seguirlo a Él. Ellos felizmente recibieron Su sanidad y vorazmente se comieron el pan y el pescado que milagrosamente Él les dio, pero la mayoría de ellos no estaban dispuestos a dejar de vivir para ellos mismos y empezar a vivir para Él.

Voy a decirte un par de cosas que posiblemente te sacudan, o a lo menos, pongan en duda tu manera de pensar, ya sea porque se te ha enseñado algo diferente o porque solo haz visto una porción del plan que Jesús tiene para tu vida como **Su creación completamente nueva.** ¿Estas listo? Aquí va...

Jesús no quiere tus pecados; Él quiere tu vida.

¿Recuerdas el diseño original de Dios? Una relación sin obstáculos con Él y con los demás sin los efectos tóxicos del cáncer espiritual.

¿Recuerdas la solución de Dios? Jesús viniendo a vivir <u>con nosotros</u>, a amarnos en nuestra condición estropeada y proporcionarnos el perdón y una nueva vida a través de la fe en Su perfecto sacrificio en la cruz y su resurrección victoriosa de la muerte.

¿Recuerdas el nuevo diseño de Dios? (No te frustres si no lo recuerdas, porque aún no lo he compartido.) Su nuevo diseño es el cumplimiento de su diseño original: una relación sin obstáculos con Él y con los demás. Para que este nuevo diseño se pueda experimentar y vivir, tenemos que decidir ya no estar en control de las cosas. En otras palabras, debemos escoger que Dios **sea** Dios sobre todo en nuestras vidas de ahora en adelante.

La razón por la cual esto es un nuevo concepto para muchos es porque podemos estar tan preocupados de ser perdonados y de irnos al cielo, que a menudo perdemos el punto completamente. El seguir a Jesús no se trata principalmente de irnos al cielo cuando muramos, sino de seguir a Jesús toda nuestra vida.

Demos un vistazo a lo que Jesús le dijo a la gente mientras que lo estaban siguiendo, devorando cualquier cosa que podían obtener de Él:

CAPÍTULO 2: ASEGURÁNDOTE QUE ERES SU NUEVA CREACIÓN

> *Entonces llamó a la multitud para que se uniera a los discípulos, y dijo: "Si alguno de ustedes quiere ser mi seguidor, tiene que abandonar su propia manera de vivir, tomar su cruz y seguirme. Si tratas de aferrarte a la vida, la perderás; pero si entregas tu vida por mi causa y por causa de la Buena Noticia, la salvarás."*
>
> MARCOS 8:34–35 NTV

¡Intenso! ¿No es de extrañar que cuando Jesús dijo cosas como estas, las multitudes se hacían más pequeñas? Déjame explicar esto de una manera que creo apreciarás.

¿Eres dueño de algunas llaves? Me doy cuenta de que vivimos en una época donde el cargar llaves físicamente es menos común. Sin embargo, la mayoría de nosotros aún las tenemos, las usamos y las necesitamos. Algunos tienen llavero remoto, tarjetas de acceso, y todos nosotros tenemos contraseñas que nos dan acceso a nuestras actividades en línea. Vamos a fingir que nuestras llaves físicas representan todas estas variaciones. De hecho, si tus llaves están cerca de ti, ayudaría si las sacas en este momento y las pones frente a ti. Yo sé, yo sé, acabas de acomodarte en tu silla favorita y tienes la tentación de decir, "¿En serio? ¿Quieres que vaya a buscar mis llaves mientras leo esto?" Sí, ¿lo harías, por favor? Creo que te alegrarás de haberlo hecho.

Bueno, ¿ya las tienes? Bien.

¿Alguna vez has pensado en tus llaves? Ellas representan muchas cosas, cosas como:

propiedad
acceso
responsabilidad
privilegio
seguridad
provisión
control

Una llave te da acceso a tu casa. Una llave enciende tu auto. Una llave, o una contraseña, te da acceso a tu cuenta de cheques y cuenta de ahorros, al igual que a tus inversiones. Una contraseña te permite instantáneamente comprar demasiadas cosas en Amazon. Una contraseña te permite, y a nadie más, usar tu celular o computadora portátil. Las llaves pueden cerrar o abrir cosas.

Hasta podríamos decir que son la "llave" de nuestras vidas.

Aquí es donde quiero que uses tu imaginación. Piensa en las llaves que tienes enfrente de ti como una representación de tu vida. Pueden representar tu libertad (la llave de tu carro); tu familia (la llave de tu casa); tu seguridad ahora y en el futuro (la contraseña de tus cuentas); tu entretenimiento (la contraseña de tu teléfono o computadora); tu vida íntima (la llave de tu cuarto) y así sucesivamente. ¿Te puedes imaginar qué profundo sería el impacto en tu vida si una de estas llaves desapareciera permanentemente?

CAPÍTULO 2: ASEGURÁNDOTE QUE ERES SU NUEVA CREACIÓN

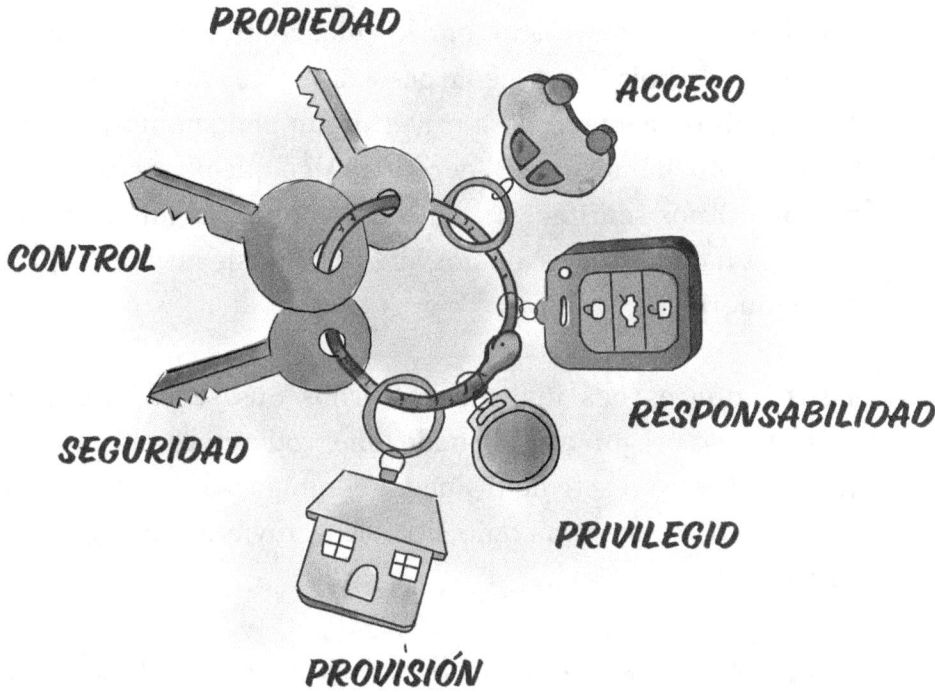

Aquí es donde se pone interesante. ¿Qué mantiene juntas a todas tus llaves? Un llavero. Y hasta _eso_ dice algo acerca de ti. Para mí, un llavero de Mini Cooper con un símbolo de Cooper acorrala todas mis llaves. Para nuestro propósito, digamos que este pequeño anillo de metal representa el control consolidado de nuestras vidas. Pierdes el llavero, pierdes todo.

Caminamos fatigosamente por la vida, con llaves tintineando en nuestros bolsillos a cada paso. Luego Jesús se presenta. Escuchamos acerca de Él a través de un amigo o un pariente. Tal vez escuchamos que Él perdona. Algo que no creíamos era posible. O nos sentimos atraídos a Él porque alguien a quien amamos ha muerto, y sabemos que Él habla de la vida después de la muerte.

Jesús entonces nos invita a volvernos Sus seguidores pero primero nos pregunta si Él puede tener todas nuestras llaves. Si tus llaves están frente de ti ¿juegas conmigo a actuar? Tómalas del llavero y sostenlas como si se las estuvieras entregando a Jesús.

Pero, cuando Jesús toma las llaves, ¡muy poca gente suelta el llavero que mantiene a todas las llaves juntas!

Yo sé que este es un libro, pero ¿me haces caso y actúas esto?

Sostén el llavero con una de tus manos y jala las llaves con tu otra mano.

CAPÍTULO 2: ASEGURÁNDOTE QUE ERES SU NUEVA CREACIÓN

¿Lo ves? Un pequeño juego de "tirar de la cuerda" sucediendo mientras que estás leyendo.

La mayoría de la gente que rodeaba a Jesús quería lo que Él podía darles: sanación, perdón, comida, el cielo. Ellos no lo querían por lo que Él es. Y Jesús es <u>Dios</u> mismo. Jesús es el único que sabe lo que es mejor para nuestras vidas y puede proveerlo. Es a Él al que debemos darle las llaves y el llavero para ser liberados del cáncer espiritual que viene por estar controlando nuestras propias vidas.

¿Recuerdas lo que les dijo Jesús a las multitudes y a sus seguidores en el pasaje que leímos? Considerando nuestra discusión sobre las llaves, notarás mi paráfrasis en las áreas con paréntesis:

> *Entonces llamó a la multitud para que se uniera a los discípulos, y [Jesús] dijo: "Si alguno de ustedes quiere ser mi seguidor [tener una relación conmigo], tiene que abandonar su propia manera de vivir [elegir poner a Dios primero], tomar su cruz [elegir dejar de vivir para sí mismo] y seguirme [vivir a base de mi palabra y mis preceptos]. Si tratas de aferrarte a la vida [controlarla y vivir para ti mismo], la perderás [nunca experimentarás mi amor, perdón, paz y futuro]; pero si entregas tu vida por mi causa [dándome las llaves y el llavero] y por causa de la Buena Noticia, la salvarás [serás sanado y estarás limpio del cáncer espiritual y te convertirás en la persona que siempre quise que fueras]".*
>   Marcos 8:34-35 NTV [paráfrasis añadido]

CAPÍTULO 2: ASEGURÁNDOTE QUE ERES SU NUEVA CREACIÓN

Cuando tú le entregas las llaves a Jesús, pero no sueltas el llavero, no permites que Él sea en ti todo lo que es, ni tampoco que te conviertas en lo que Él quiere que seas. Cuando tú y yo mantenemos control, en cualquier área, continuamos actuando como "Dios" en nuestras vidas. Y, según Jesús, esto eventualmente resultará en una pérdida completa de todo.

Ahora, aquí es donde se pone bueno. Toma tus llaves, sostenlas hacia arriba, y hazte esta pregunta: "¿Quiero que Jesús, no tan solo sane mi cáncer espiritual, sino que también tenga mi vida de tal forma que Él tiene la última palabra en cada área?"

No te precipites al responder. Jesús le dijo a la gente que contaran el costo de seguirlo (Lucas 14:25-34).

Mientras sostienes las llaves en tu mano, ¿de quién son las llaves? Son tuyas, claro. Ahora, ponlas en tu otra mano (representando entregarlas a Jesús), y esta vez suéltalas y di, _"Jesús, cada llave y el llavero son tuyos. Quito mis manos de ellas completamente."_

Ahora, cuando la mano que representa a Jesús las tiene, ¿de quién son? Son ahora de Él, completamente de Él. ¿Te fijaste? Un momento eran tuyas, y como resultado de una simple, pero muy importante decisión, se las entregaste a Él.

Déjame preguntarte una vez más. Cuando las pones en la mano de Jesús, ¿a quién le pertenecen ahora? Correcto: a Él.

CAPÍTULO 2: ASEGURÁNDOTE QUE ERES SU NUEVA CREACIÓN

Ahora, observa; Él hace algo increíblemente sorprendente. El momento en que ponemos las llaves completamente en su mano, Él las pone de nuevo en nuestra mano.

Continuando nuestra ilustración, toma las llaves de la mano que representa a Jesús y ponlas de nuevo en tu otra mano. ¡Bum! Apuesto que cerraste los dedos alrededor de ellas un poquito cuando las tuviste de nuevo. Eso pasa casi siempre. Estamos tan acostumbrados a sujetar cosas en nuestra vida que nuestros dedos inmediatamente se aferran a sujetarlas para que no se nos caigan.

Jesús retira nuestros dedos, abriendo nuestra palma de la mano, y dice, "¿De quién son estas llaves ahora?"

¿La respuesta correcta?

"¡Jesús, estas son tus llaves de ahora en adelante!"

Jesús se convierte en el dueño, el que tiene la última palabra. La Biblia usa la palabra Señor para el Único con la suprema autoridad sobre nuestras vidas. Ahora pasamos de ser el _dueño_ a ser el _cuidador_ de nuestras vidas. Un cuidador cuida algo que otra persona posee.

Como cuidadores, tenemos la responsabilidad de cuidar Sus llaves, y tenemos el privilegio de usar, vivir en, y disfrutar todas las cosas que las llaves representan. Así es como se ve cuando cedemos posesión de nuestras vidas a Jesús.

CAPÍTULO 2: ASEGURÁNDOTE QUE ERES SU NUEVA CREACIÓN

"Pero," te preguntarás, "si mi mano supuestamente debe de mantenerse abierta, ¿Cómo evito que las llaves se caigan en el tambalear de la vida?" Allí es cuando Jesús pone Su fuerte mano, cicatrizada por los clavos, sobre la tuya y dice, "De esta manera: solo aférrate de mi mano a la vez que yo me aferro de la tuya."

El seguir a Jesús es permitir que Él nos limpie, de una vez por todas, y dejar que Él sea el dueño total de todas las áreas de nuestra vida (llaves y llavero).

¿Por qué tomar tanto tiempo en explicar el concepto de las llaves? Porque he visto como mucha gente o no entiende este concepto básico de ser un seguidor de Jesús, o simplemente solo quieren su perdón pero no quieren que Él sea el dueño. **La vida que Jesús promete nunca funciona hasta que tenemos las dos cosas.**

¿Te puedo hacer una pregunta muy importante?

¿Has entregado todas tus llaves?

No estoy preguntando si alguna vez has buscado a Dios para el perdón de tus pecados o le has pedido ayuda en un momento difícil. No estoy preguntando si te quieres ir al cielo.

¿Alguna vez has considerado la afirmación que Jesús es Dios mismo, que vino a la tierra, para que tú puedas conocerlo personalmente cuando le entregas el control de tu vida de una vez por todas?

Si lo has hecho, este libro está celebrando lo que tú ya has decidido. Él ya te ha llenado de paz y de un nuevo sentido de propósito.

PRACTICANDO LO APRENDIDO
El propósito más importante de este libro es de ayudarte a estar seguro de que tú le perteneces a Él y que Él posee cada parte de tu vida.

Cuando comparto estas cosas la gente suele decir, "Bueno, cuando tenía trece años le pedí a Jesús que me perdonara y que viniera a mi corazón, así que soy salvo ¿cierto?" No puedo decir si una persona es salva o no, pero puedo preguntar si alguna vez le has entregado a Jesús no solo tu pecado, sino también el absoluto control de tu vida. También puedo preguntar si tu vida cambió una vez que comenzaste a vivir a Su manera y no la tuya.

Muchos titubean cuando llegan a este punto y frecuentemente dicen que sí quieren, pero tienen miedo de retomar sus vidas o de arruinar todo de alguna manera. <u>Bueno, por supuesto que lo harán</u>. Todos somos personas quebrantadas después de todo. Jesús sabe esto; todos fallamos al seguirlo. Recuerda que ser una nueva creación no significa vivir una vida perfecta, sino confiar en y seguir a Jesús. Y cuando le entregamos todo, Su Espíritu nos enseñará a tomar menos y menos control de nuestras vidas.

COMPLETAMENTE NUEVO—TU DECISIÓN

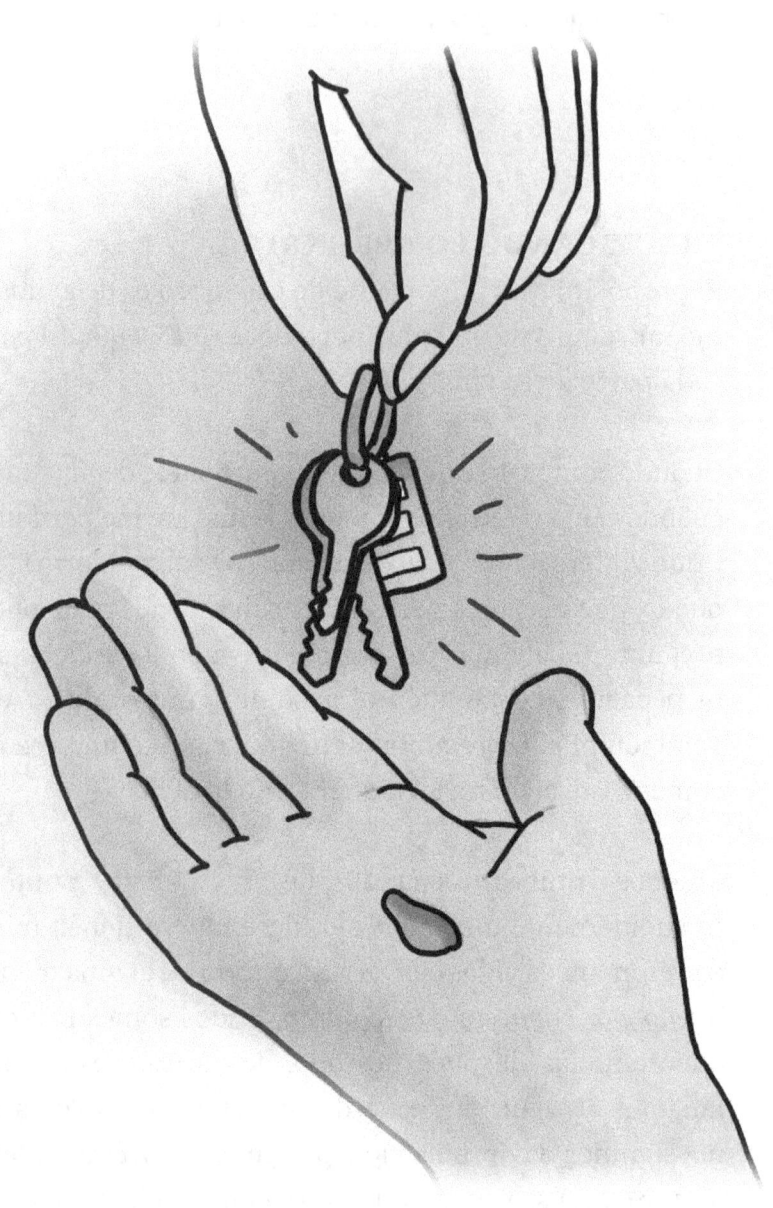

CAPÍTULO 2: ASEGURÁNDOTE QUE ERES SU NUEVA CREACIÓN

Si nunca le has entregado tu vida a Jesús, ¿te gustaría hacerlo ahora mismo? Si necesitas más tiempo para pensar acerca de esto y considerar todas las llaves que están involucradas, te aplaudo. Escoger ser un seguidor de Jesús es la decisión más importante que jamás tomaremos. Nunca debe tomarse a la ligera.

Si estás listo, quiero pedirte que digas una oración para entregarle el cáncer espiritual y <u>también</u> el control a Él. Puedes decirla en tu corazón, pero he encontrado que decirla en voz alta, por alguna razón, tiene gran poder. Por favor, dale un vistazo a la oración antes de decirla. Olvídate de dónde estás ahora mismo y date cuenta de que están solo tú y Dios. Oremos:

ORACIÓN
Querido Dios, gracias por enviar a tu hijo, Jesús, para que yo pudiera ser perdonado y conocerte; quiero confesar todo el cáncer espiritual en mi vida, al cual la Biblia llama pecado. Yo he fallado, te he lastimado y he lastimado a otros una y otra vez. Yo sé que no puedo compensar por todo el daño que he hecho. Vengo a pedirte perdón y misericordia por lo que Jesús hizo muriendo en la cruz por mí. Te estoy siendo honesto. Necesito ser totalmente purificado por ti. Creo que sólo tú puedes liberarme de mi pecado, ¡y por fe recibo tu perdón y la libertad en este momento!

No solo te entrego mi pecado, sino también te entrego todo: todas las llaves, el llavero, y el derecho a tener la

COMPLETAMENTE NUEVO—TU DECISIÓN

CAPÍTULO 2: ASEGURÁNDOTE QUE ERES SU NUEVA CREACIÓN

última palabra en mi vida. Te entrego el control. Me doy por vencido. Soy tuyo de ahora en adelante. Gracias por llevarte mis pecados. Y gracias por tomar la vida que te he dado y por ponerla de nuevo en mis manos, donde ya no seré el dueño sino un seguidor. Te seguiré a donde tú me guíes y haré lo que me digas. Gracias, Jesús. Declaro que eres el Señor de mi vida, el líder de todo y al Único al que prometo mi completa lealtad. ¡Amén, que así sea de ahora en adelante!

¡Sí! ¡lo hiciste! ¡Le has entregado todo lo que eres –pasado, presente y futuro— a Dios! Dios dice que le perteneces ahora a Él, y que Él te pertenece a ti. Tu pasado ha sido completamente perdonado y ha quedado atrás. En realidad eres, en este instante, ¡una nueva creación! Una nueva creación de Dios. ¡Su hija o su hijo amados de ahora en adelante!

> *Por lo tanto, si alguno está en Cristo, es una nueva creación. ¡Lo viejo ha pasado, ha llegado ya lo nuevo!*
> II Corintios 5:17 NVI

¡Su Espíritu acaba de entrar en tu espíritu por primera vez para tomar residencia permanente en ti! Él quiere que experimentes de ahora en adelante una confianza incontenible que llega al saber que le perteneces a Jesús.

> *Y el testimonio es este: que Dios nos ha dado vida eterna, y esta vida está en su Hijo. El que tiene al Hijo tiene la vida, y el que no tiene al Hijo de Dios, no tiene la vida.*
> I Juan 5:11-12 NBLA

Este es un buen momento para hacer una pausa y permitir que el amor de Dios te llene allí mismo donde te encuentras.

Tu <u>eres</u> amado por Dios y ahora estás perdonado y en paz con Él.

En el siguiente espacio, ¿por qué no escribes el día y la hora en la cual hiciste este compromiso?—ya sea que haya sido antes de leer este libro o en este momento. En los cambiantes desafíos de la vida, te servirá como un tipo de pilar a donde puedes regresar a través de tu camino como seguidor de Jesús. También servirá como un recordatorio de tu cumpleaños espiritual. El día que te convertiste en una nueva creación.

Yo, _____
(tu nombre)

He decidido seguir a Jesús y entregarle
todas las llaves de mi vida a Él. Pongo mi fe en
la sangre de Jesús que fue derramada por mi
completo perdón y pongo mi vida bajo
Su liderazgo (Señorío) amoroso el

_____.
(fecha)

Escribo esto para que me acuerde de mi promesa
de tener total lealtad a Jesús como el único camino a la vida
y a Su Reino (sus caminos).

Firmado con todo mi amor,

_____
(tu firma)

Una de las cosas más poderosas que puedes hacer ahora es ¡decírselo a alguien! No tienes que describir lo que sucedió perfectamente, pero una de las prácticas más antiguas de todos los seguidores de Jesús ha sido "hacer público" su compromiso de seguirlo a Él.

No estoy hablando de divulgarlo desde una plataforma o ponerlo en tu cuenta de Twitter o algo así. Estoy hablando de decírselo a alguien que conoces, y que te conoce y te respeta. Si nadie viene a tu mente y eres parte de una iglesia, encuentra a tu pastor y díselo. Observa qué tan emocionado se pondrá por ti.

Algo pasa cuando compartes con alguien. De verdad. Es por eso que la Biblia nos dice que lo hagamos. Incluso te invito a que me dejes saber a mí también. Me encantaría celebrar contigo.

Me puedes mandar un correo electrónico a seniorleadership@lifegate.church

TU CRECIMIENTO

CAPÍTULO 3
MANTENTE CONECTADO A JESÚS

Para aquellos que no me conocen, yo estoy felizmente casado. Añado la parte de "felizmente" porque algunas personas creen que cuando te casas, lo aburrido comienza. Nada puede estar más lejos de la realidad. Pero, el comienzo no fue necesariamente fácil. No importa cuánto una persona conozca del matrimonio, uno descubre qué tan ignorante es cuando dice, "Sí, acepto." La gran lupa del matrimonio pronto se posa sobre nosotros y revela qué tan adictos a _nosotros mismos_ solemos estar. Luego llegan los niños y aumentan la magnificación a niveles de examinación insoportables. En ambos casos, _todo_ cambia. Comparto estos ejemplos porque ellos ilustran las dos relaciones más serias y satisfactorias de la vida.

Tal como cuando estás casado o tienes hijos, cuando decides seguir a Jesús, _todo_ cambia porque has decidido que la vida ya no gira alrededor de ti. Esta nueva realidad es solo posible por el poder de Dios, un poder que encuentras cuando cultivas y fortaleces tu relación con Él.

Hay muchas, pero te quiero presentar cuatro prácticas que yo he encontrado que son útiles para el crecimiento de mi relación con Jesús. Creo que también te van a ayudar.

Las 4 prácticas son:
- **Mantente Conectado** con Jesús
- **Comienza a Aprender** acerca de Jesús
- **Comparte la Vida** en tu Nueva Comunidad
- **Muestra y Comparte**

Estar en una relación se trata de un compromiso para mantenerse conectados. A pesar de que éramos culpables y nuestra vida se enfocaba en nosotros mismos, Dios nos invitó a tener una relación y a estar eternamente conectados con Jesús. ¡Jesús realmente nos llama sus amigos (Juan 15:15)! ¡Y Dios, nuestro Padre, nos llama sus hijos (1 Juan 3:1)! Esta relación con Dios sin barreras es el propósito principal de la vida. Es una amistad que mejora y mejora cada día.

Aquí hay tres cosas que puedes hacer para mantenerte conectado con Jesús.

– ORAR –

No te puedo decir cuantas veces alguien me ha dicho: "Yo no sé cómo orar" o "¡No me siento cómodo orando!" Creo que parte de la razón que decimos esto es porque no entendemos lo que es orar.

CAPÍTULO 3: MANTENTE CONECTADO A JESÚS

Orar es hablar con Dios (Jesús), escuchar a Jesús, y estar con Jesús.

Orar NO es un discurso religioso que has preparado para impresionar a Dios, o a otros, o incluso a ti mismo. Es simplemente vivir con Dios en el centro. Es cuando hablamos con Dios, Jesús o el Espíritu de Dios en voz alta o en nuestros corazones. Si sabes cómo pensar o hablar, ya sabes cómo orar.

Otra forma de describir la oración es mantenerse en contacto. Las amistades prosperan al _mantenerse en contacto_. Tú y yo estamos en constante contacto a través de las redes sociales. Dios nos pide que lo pongamos a Él en la categoría de "persona más importante" de nuestras conexiones diarias, y al principio de nuestra lista de "favoritos."

Recuerda, orar también es escuchar a Dios. Él habla a través de impresiones que nosotros sentimos en nuestros corazones, a través de su Palabra viva (la Biblia), a través de circunstancias y de otras personas. Lo que Él nos dice es siempre con amor. Él nunca nos condena (aunque tal vez Él nos corrija) y nunca va en contra de lo que Él ha dicho en la Biblia.

Mi esposa, Kris, y yo escuchamos a Dios todo el tiempo. Una de nuestras prácticas favoritas es escuchar a Dios en restaurantes, aviones, tiendas, cualquier lugar público. Hemos descubierto que cuando tomamos tiempo para escuchar, Dios usa esa oportunidad para hablarnos a través de una impresión, un susurro o cuando Kris y yo llegamos a la misma conclusión "de la nada." Hemos orado por tantos meseros y meseras a través de los años que cuando salimos, uno de nosotros inevitablemente dice: "Yo pienso que Dios quiere que le demos más propina." Y el otro dice, "¿Qué? ¡Yo estaba pensando lo mismo!"

Entonces la cosa se pone divertida.

Kris dice, "¿Cuánto?"

"¿Cuánto estás pensando tú?" yo respondo.

"Tú dime primero."

Nosotros jugamos volibol por uno o dos minutos. ¡Entonces uno de nosotros dice un número, "$100 dólares!"

Y, aparentemente sin fallar, el otro dice: "¡Yo estaba pensando exactamente lo mismo!"

En esos momentos, nosotros creemos que Dios nos está hablando a la vez y esto es confirmado al escuchar ambos la misma cantidad. La otra confirmación es la conmoción que vemos en la cara de nuestro mesero, con lágrimas cayendo de sus ojos. Frecuentemente, nunca descubrimos por qué Dios nos pide ser generosos en aquellas situaciones. Pero Él sabe por qué.

La oración no es ciencia aeroespacial. Es confiar en Dios lo suficiente para hablar con Él y escucharlo a Él.

¿Todavía no estás convencido? Quizás esto ayude. ¿Sabías que Dios escucha las oraciones débiles? Lo hace. Lee lo que dice la Biblia acerca de ti y de mí:

> *Por ejemplo, cuando no sabemos qué pedirle a Dios*
> *el Espíritu mismo le pide a Dios por nosotros.*
> Romanos 8:26 PDT

¡Este verso nos dice que el Espíritu de Dios nos enseñará, inspirará la oración en nosotros, e incluso orará (hablará con Dios) por nosotros!

> *Además, el Espíritu Santo nos ayuda en nuestra debilidad. Por ejemplo, nosotros no sabemos qué quiere Dios que le pidamos en oración, pero el Espíritu Santo ora por nosotros con gemidos que no pueden expresarse con palabras. Y el Padre, quien conoce cada corazón, sabe lo que el Espíritu dice, porque el Espíritu intercede por nosotros, los creyentes, en armonía con la voluntad de Dios.*
> Romanos 8:26-27 NTV

Dios está más interesado en que tú te mantengas conectado con Él, que en que le estés hablando y orando en forma correcta. Yo hablo con Dios todo el día. Comienzo mi día hablando y pensando, "¡Buenos días, Jesús! ¡Te amo!" Termino mi día con algo como: "Gracias, mi Dios, por estar tan presente, tan fiel durante este día. Por favor cuida esta noche a mi familia, nuestra iglesia, a los que están desesperadamente necesitados en mi ciudad y a mí."

PRACTICANDO LO APRENDIDO

¿Por qué no aplicar lo que estás aprendiendo sobre la oración? Frecuentemente le escribo a Dios como si estuviera escribiendo una carta. Esta es una forma de oración. Tómate unos minutos y exprésale tu agradecimiento a Dios en las líneas que siguen, escucha su susurro (que a menudo viene como pensamientos pasajeros y que normalmente no pensarías) y entonces pídele a Él por algo que tú o alguien más necesita. No te estoy dando muchas líneas porque quiero que sea algo corto.

MI ORACIÓN:

_____

_____

_____

— CONFIAR —

La fe es la habilidad de creer algo, la habilidad de confiar en algo o en alguien sin poder verlo con nuestros ojos. Ejercemos nuestra fe a diario sin darnos cuenta.

- Nosotros prendemos nuestro teléfono inteligente al empujar un botón con nuestro dedo, confiados en que se prenderá. Sin entender toda la complejidad de cómo funciona, nosotros solo confiamos en que lo hará.

- Nosotros encendemos nuestros carros, prendemos las luces de la casa, abrimos las llaves para obtener agua fresca, todo por fe. Mientras más hacemos estas cosas, creyendo en procesos que no podemos ver o entender, más crece nuestra confianza.

- Cuando manejamos en la calle, tenemos fe de que el carro que viene en la otra dirección no se desvíe y nos pegue.

Todas las relaciones involucran fe. Otra forma de describir la fe es "confianza." El diccionario en línea Merriam-Webster Online Dictionary define "confianza" de la siguiente manera [traducción del inglés]:

Confianza: dependencia segura sobre el carácter, habilidad, fuerza, o verdad de alguien

¿En quién confías? Digo, ¿en quién confías realmente? Si has vivido por mucho tiempo, lo más probable es que alguien te haya lastimado. Los dolores más profundos son aquellos causados por gente en la cual confiábamos más. Por ejemplo, si estuviste casado, tú te encomendaste a tu cónyuge. Pero si tu matrimonio se acabó, posiblemente no te sientes seguro de poder confiar alguna otra vez lo suficiente para casarte de nuevo. Nos enfrentamos al "¿qué pasaría?" si fracasa un matrimonio o una amistad o una asociación de negocios.

¿Qué pasa si vuelve a ocurrir lo mismo? ¿Qué tal si bajo mi guardia y esta vez me hieren peor que la última vez? ¿Qué tal si por mi miedo me tengo que quedar solo el resto de mi vida?

Tu "capacidad de confiar" puede haberse dañado. Esa parte vulnerable y transparente que Dios creó con el fin de formar vínculos y construir un matrimonio duradero y amistades, se ha roto.

Nunca se me olvidará esta historia real, contada por un hombre que cojeaba permanentemente. Cuando le pregunté acerca de su cojera, el hombre me describió, en una historia desgarradora, cómo esto había sido producto de una confianza rota.

Cuando este hombre era niño, vivía con miedo de su padre exigente y cruel. Él quería mucho a su papá, pero le resultaba difícil confiar en él por sus duros comentarios y maltrato.

Un día, cuando tenía cuatro años y vivía en la granja donde creció, él estaba en un granero con su papá que estaba amontonando paja dentro del granero.

Su papá raramente, si acaso, era juguetón, pero ese día le dijo: "Oye hijo, sube a la paja y salta; ¡yo te pesco!"

El hombre recuerda haberle respondido, "Yo no sé, Papi; tengo miedo; está muy alto."

Dentro de él, recuerda que más que la altura, se estaba preguntando porqué su padre, que era exigente, de pronto estaba juguetón.

"Será como si estuvieras volando! ¡Yo voy a estar aquí mismo y te pesco!" Dijo su papá.

Pero no lo hizo.

El niño finalmente confió en su papá y fue atraído por sus brazos extendidos y su gran sonrisa y le dijo: "Está bien Papi, ¡aquí voy! ¡Péscame!"

Y saltó.

En el último segundo, su papá rápidamente se quitó y dejó que su hijo cayera en el piso duro del granero que era de concreto. Y el niño se lastimó.

A través de su sollozo, él escucho que su papá levantó la voz, riéndose y gritándole, "¿Ves, Estúpido? ¡Esto te enseñará a _nunca_ confiar en un miembro de tu familia!"

Aunque los padres del niño nunca lo llevaron al hospital (todavía podía caminar), él sufrió daños permanentes.

Luego, ya de adulto, debido a toda una vida de dolor que aguantó, el hombre hizo que le revisaran el área afectada. La radiografía demostró el lugar donde el niño se había fracturado la espalda inferior ese día en el granero y como se le había reparado en forma desalineada.

¿Acaso nos sorprende saber que este hombre tiene dificultad confiando en otros hombres, en la autoridad o en Dios? Pero esta no era la única desalineación de su vida. Se le dificultaba confiar en todas sus relaciones a través de su vida. Tenía dificultad confiando en Dios especialmente.

Pero finalmente lo hizo, y he aquí como.

En su vida se encontró con individuos que se habían convertido en personas **_completamente nuevas_** y habían confiado sus vidas a Jesús. Sin embargo, no fue de inmediato. El observó las vidas de estas personas, se hizo amigo casual de ellos y luego experimentó su amabilidad, amistad y amor constantes. Estas personas se quedaron durante los tiempos difíciles. Pensaban más en él que en sí mismos. Ellos comprobaron ser dignos de su confianza.

Como ves, la confianza es algo fácil de perder, pero muy difícil de recuperar.

Dios sabe todo esto. Él sabe que soltar el control de tu vida y confiársela a Él es, para algunos, lo más difícil y aterrador que pueden hacer.

Yo estoy tan agradecido de que Él probó su confiabilidad al amarte tanto que no solo habló al respecto. Para demostrarnos su amor, Él mando a Jesús a vivir <u>con nosotros</u> en esta tierra llena de relaciones rotas y confianza dañada. Él también lo mandó a morir por nosotros y para siempre comprobar qué tanto nos ama.

El llamado de Jesús a seguirlo a Él es un llamado a confiar en Él. Esto involucra creer en quién es Él y lo que Él ha hecho y dicho. Involucra la fe.

La fe/confianza que tú has ejercido al creer que Jesús murió en la cruz por ti, y se levantó de la tumba, es lo que yo llamo fe "salvadora," porque te llevó a ser salvo o rescatado de las consecuencias de tu cáncer espiritual, así como de su influencia diaria. Esto ha resultado en que seas perdonado y te conviertas en una criatura **completamente nueva.** Estás experimentando un nuevo nivel de paz, alegría y esperanza como nunca lo habías hecho antes.

La fe complace a Dios. La fe demuestra que confías en Dios y que estás dispuesto a dejar que todas las llaves de tu vida reposen en

Sus manos y a recibir plenamente Su amor, Su cuidado y Sus planes.

La forma de vivir como nueva creación de Dios es confiando en Jesús, no solamente para tu salvación, pero también para tu vida entera. Jesús quiere convertirse en el Salvador y Señor de cada momento del día y no en alguien en quien piensas solamente cuando estás en la iglesia una vez a la semana. Esto es lo que dice la Biblia acerca de su confiabilidad:

> *...pues Dios ha dicho: "Nunca te fallaré. Jamás te abandonaré"*
> Hebreos 13:5 NTV

Esa es la forma en que Dios dice: "Yo nunca te voy a engañar, hacerte daño o dejarte caer."

Cuando tú decides confiar en Dios en cada momento, empiezas a experimentar Su presencia y guía en maneras que nunca te imaginaste. ¿Cómo? La siguiente escritura de Proverbios captura, en términos simples, cómo nosotros debemos confiar en Dios y esperar resultados sobrenaturales:

> *Confía en el Señor con todo tu corazón, y no confíes en tu propia inteligencia. Busca la voluntad del Señor en todo lo que hagas, y Él dirigirá tus caminos.*
> Proverbios 3:5-6 NBV

CAPÍTULO 3: MANTENTE CONECTADO A JESÚS

¿Hay situaciones en tu vida que te preocupan? ¿Se sienten demasiado grandes para poder manejarlas o demasiado complejas para entenderlas? La invitación de Jesús es que antes de hacer algo en tu vida, confíes en Él y se lo digas. Date cuenta de que Él tiene sabiduría y dirección más allá de tu propio entendimiento. Habla con Dios, confía en Dios, pon las cosas en las manos de Dios, y Él encontrará un camino en tu vida donde parece no haber ningún sendero posible. Él te está pidiendo que dependas solo de Él, camines de la mano con Él y confíes solamente en Él.

¿Alguna vez tu "capacidad de confiar" ha sido dañada por personas que has conocido o amado? ¿Esta sección te hace sentir mal del estómago porque no quieres que alguien te lastime otra vez? Entiendo totalmente en qué te basas. Yo también he sido herido. A nuestro adversario, el diablo, le gusta recordarnos nuestras heridas para que confiemos en nosotros mismos, lo cual es solo una variación del pecado, o cáncer espiritual.

Hubo un momento en mi vida en que fui traicionado por un amigo de toda la vida muy cercano. Mi mundo fue sacudido. Estuve en una neblina de incredulidad durante meses hasta que me di cuenta de que esto realmente _sucedió._ (Estoy seguro de que algunos de ustedes se pueden identificar con esto o pueden haber experimentado otra de las traiciones más fuertes de la vida, el divorcio). Comencé a hacer un voto a mí mismo que sonaba así: Nunca en mi vida confiaré en otra persona.

La razón de tal voto es entendible. Esta era la mejor manera de evitar ser lastimado nuevamente. Pero Dios tenía otros planes. Según Proverbios 3:5-6, yo estaba <u>resolviendo las cosas por mi cuenta</u> y no dependiendo de Él. Afortunadamente, Él me susurró al corazón: "No he dicho que dejes de confiar." ¿Qué? *¿Quién eres tú para decir que tengo que confiar de nuevo?*

Entonces recordé quién es el dueño de las llaves de mi vida.

Dios usó un conocido autor cristiano para ayudarme a comprender más plenamente lo que me estaba diciendo:

> "Amar en lo absoluto es ser vulnerable. Ama cualquier cosa y tu corazón se retorcerá y posiblemente se romperá. Si quieres asegurarte de mantenerlo intacto no debes dárselo a nadie, ni siquiera a un animal. Envuélvelo cuidadosamente con pasatiempos y pequeños lujos; evita todos los enredos. Enciérralo con seguridad en el cofre o ataúd de tu egoísmo. Pero en ese cofre, seguro, oscuro, inmóvil, sin aire, cambiará. No se romperá; se hará irrompible, impenetrable, irredimible. Amar es ser vulnerable."
> - C.S. Lewis, *The Four Loves* [traducción del inglés]

"Pero, Señor," le pregunté, "¿Cómo puedo confiar sin estar totalmente herido todo el tiempo?" Su respuesta fue que debería dar solo porciones de mi confianza a la gente y solo a aquellas personas que tienen relación conmigo y que debería confiar completamente solo en Él.

A pesar de las heridas que has experimentado en la vida, Dios todavía te está pidiendo que confíes en Él, que pongas todo tu peso en Él y que te comprometas a recibir Su cuidado. Jesús incluso describe a Su Espíritu—que ahora vive en ti—como el "Consolador."

> *Pero el Consolador, el Espíritu Santo, vendrá en mi nombre porque el Padre lo enviará. Él les enseñará todas las cosas y les recordará todo lo que les he dicho.*
>
> Juan 14:26 NBV

Una de las descripciones más hermosas de nuestro Dios se encuentra en el Salmo 23. Sé que probablemente has escuchado este Salmo alguna vez. Pero es posible que nunca lo hayas visto como a Dios prometiendo cuidar a todos los que confían en Él.

Tómate un momento y lee este Salmo lentamente. En él, Dios es descrito como un pastor amoroso, y nosotros somos sus ovejas. Como mencioné anteriormente, leer la carta de amor de Dios, la Biblia, en voz alta puede ser una experiencia muy poderosa. Si estás en una cafetería o en la biblioteca, incluso puedes susurrarlo. Aquí va...

El Señor es mi pastor, nada me falta.

En verdes pastos me hace descansar, y me guía junto a arroyos tranquilos.

Me infunde nuevas fuerzas. Me guía por sendas de justicia, por amor a su nombre.

Aun cuando atraviese el negro valle de la muerte, no tendré miedo, pues tú irás siempre muy junto a mí. Tu vara de pastor y tu cayado me protegen y me dan seguridad.

Preparas un banquete para mí, en presencia de mis enemigos. Me recibes como invitado tuyo, ungiendo con perfume mi cabeza. ¡Mi copa rebosa de bendiciones!

Tu bondad e inagotable generosidad me acompañarán toda la vida, y después viviré en tu casa para siempre.

Salmos 23:1–6 NBV

Un Dios tan amoroso y fiel, se puede confiar en Él. Te ama. Él es fiel para acompañarte e incluso curar las áreas donde tu corazón ha sido cortado, herido o roto.

PRACTICANDO LO APRENDIDO

¿Estás listo para empezar? En el espacio a continuación, cuéntale a Dios sobre el mayor obstáculo que enfrentas para confiar en Él. No tengas miedo de ser honesto; Él puede aguantarlo. Después de eso, escribe tres áreas en las que quieres confiar en Dios completamente. Sé que esto puede ser doloroso para algunos pero, como la fisioterapia después de una cirugía, puedes lograrlo, y te ayudará a moverte más libremente en la confianza.

Mi mayor obstáculo para confiar en Dios es:

_____

_____

_____

Confiaré en Dios completamente en las siguientes áreas/necesidades de mi vida:

1. _____

2. _____

3. _____

ORACIÓN

Señor Jesús, gracias por la buena disposición de tu seguidor que está leyendo mis palabras, para confiar en ti. Ruego que llenes sus corazones con la confianza para saber que estás allí mismo con ellos, y que te mostrarás fiel en todas las áreas que están confiándote. Yo oro que sus corazones experimenten paz y cualquier sanación que puedan necesitar, ¡En Tu poderoso nombre!

— OBEDECER —

¿Alguna vez has notado que la palabra favorita de un niño de dos años no es "por favor" o "gracias?"

Es "¡NO!"

Le agregué los signos de exclamación porque los niños pequeños no lo dicen en voz baja. En cambio, estalla de sus bocas:

"¡NO!"

Vivimos en un mundo roto, y una de las primeras expresiones de nuestro quebrantamiento es la inclinación hacia nosotros mismos. Queremos que se haga nuestra voluntad cuando queremos, cómo queremos. Y así comienza el conflicto. Queremos acercarnos a una estufa caliente, pero nuestra madre nos dice que no la toquemos. Decimos "¡NO!" y extendemos la mano para tocarla de todos modos. Queremos correr en la calle, pero nuestro padre nos dice que nos quedemos en la acera. Decimos "¡NO!" y saltamos de la acera de todos modos.

CAPÍTULO 3: MANTENTE CONECTADO A JESÚS

Una de las cosas más importantes que nuestros padres nos enseñan es cómo obedecer. Idealmente, quieren que los obedezcamos para que podamos experimentar lo que es mejor para nosotros y estar protegidos de aquellas cosas que podrían causarnos daño.

La obediencia nos ayuda a experimentar lo que es mejor para nosotros y nos protege de aquellas cosas que pueden hacer daño.

Este es un proceso difícil porque el impulso de querer que se haga nuestra propia voluntad es muy fuerte. Algunos lo llaman nuestra naturaleza caída o nuestra carne.

Por favor, no me malinterpretes. Queremos que los niños exploren y que sean cada vez más independientes de mamá y papá, hasta el punto de salir de casa y empezar por su cuenta. Pero hay límites en la vida, reglas que debemos seguir. La gravedad es una ley que debemos respetar o nos lastimará. Seguir la dirección de nuestros padres, maestros y personas de seguridad pública es esencial para tener una vida fructífera en armonía con los demás.

La obediencia es una de las primeras lecciones que debemos aprender en la vida y una de las lecciones más difíciles de aprender bien.

¿Por qué la gran explicación sobre niños pequeños, reglas, etc.? Porque seguir a Jesús requiere la obediencia. ¿Podrías pausar un momento y dejar que esas palabras te penetren? Hay una tendencia en todos nosotros de seguir a Dios por lo que <u>Él</u> puede hacer por <u>nosotros</u>—y Él quiere hacer muchas, pero muchas cosas. Sin embargo, Dios, el Creador de todas las cosas, el que dio a Su único Hijo para sufrir y morir por ti y por mí, quiere enseñarnos a vivir una vida que no se enfoque en nosotros mismos, sino en Él y en los demás.

Hay tres grandes razones por las cuales Él nos llama a una vida de obediencia amorosa. Primero, porque Él es Dios y merece nuestra obediencia. Segundo, porque todo lo que Él nos pide que hagamos es para beneficio nuestro y de los demás. Finalmente, porque quiere protegernos de aquellas cosas que podrían dañarnos y de aquel (Satanás) que siempre está tratando de engañarnos a ti y a mí para que hagamos las cosas a nuestra manera, no a la manera de Dios. Puede que recuerdes que eso es lo que llamamos "cáncer espiritual" en un capítulo anterior.

Es posible que hayas oído hablar del libro best-seller titulado *Una Vida con Propósito* escrito por Rick Warren. Es un libro increíble acerca de cómo vivir para Dios y descubrir la vida con propósito que Él ofrece. Las primeras palabras, en el primer capítulo, son vitalmente importantes de aceptar si has de experimentar la vida como nueva creación de Dios.

> *No se trata de ti.*
> —Rick Warren

Nuestras vidas como seguidores de Jesús comienzan con la decisión de confesar el enfoque en nosotros mismos (cáncer espiritual), volverse de una vida en la que vivimos para nosotros mismos, y luego elegir seguir a Jesús como el Señor/Líder de nuestras vidas. Esto significa que Él tiene la última palabra. Esto significa que elegimos hacer lo que Él nos guía a hacer.

Aprender a obedecer a Jesús es un proceso, muy parecido a cuando un niño aprende a obedecer a sus padres. Esto incluye el éxito y el fracaso. Es más difícil para aquellos que pensaban que seguir a Jesús se trataba de lo que podían obtener *de* Él, en lugar de la persona que podrían llegar a ser *en* Él, y de lo qué podrían hacer *por* Él.

Aquí hay una Escritura donde Jesús afronta las tendencias de muchas personas que dicen que quieren seguirlo a Él, pero siguen viviendo para sí mismos.

> *Así que, ¿por qué siguen llamándome "¡Señor, Señor!" cuando no hacen lo que digo? Les mostraré cómo es cuando una persona viene a mí, escucha mi enseñanza y después la sigue.*
> Lucas 6:46–47 NTV

Nadie ha amado o sacrificado más para que pudieras recibir una vida perdonada, abundante y nueva. Y solo una persona puede tener la última palabra en esta nueva vida, y ese es Jesús, nuestro dador de vida.

> *Si ustedes me aman, obedecerán mis mandamientos… El que me ama, **obedecerá** mi palabra, y mi Padre lo amará, y haremos nuestra morada en él.*
>
> *El que no me ama, no **obedece** mis palabras.*
> Juan 14:15, 23–24 NVI [énfasis añadido]

> *Así como el Padre me ama a mí, así también yo los amo a ustedes. No se aparten de mi amor. Si obedecen **mis mandamientos**, no se apartarán de*

> mi amor, así como yo obedezco los mandamientos de mi Padre y su amor no se aparta de mí. Les digo esto para que también tengan mi alegría y así su alegría sea completa. Y **mi mandamiento es este:** que se amen unos a otros como yo los amo. Nadie tiene más amor que el que da la vida por sus amigos. Ustedes son mis amigos si **hacen lo que yo les mando.**
>
> Juan 15:9–14 NBV [énfasis añadido]

Me doy cuenta de que muchas de estas cosas pueden ser ideas **completamente nuevas** para ti. Te animo a que te tomes unos momentos para detenerte y pensar acerca de lo que estás leyendo. Y habla con Dios. Recuerda, dije que este es un proceso. Es realmente el proceso de crecer, en Él.

Al leer ese último verso, es posible que te hayas confundido con la frase, "obedecen mis mandamientos." En nuestra vida A.C. (Antes de Cristo), pensamos que el único camino hacia Dios era guardar Sus leyes, ser lo mejor posible. Pero, anteriormente en este libro, aprendimos que hacerlo es una tarea insuperable. Nunca podemos ser lo suficientemente buenos. Es imposible.

Ahora que hemos elegido a Jesús, todos los mandamientos de Dios se han simplificado a solo dos:

> Jesús contestó: "Ama al Señor tu Dios con todo tu corazón, con toda tu alma y con toda tu mente." Este es el primer mandamiento y el más importante.

> *Hay un segundo mandamiento que es igualmente importante: "Ama a tu prójimo como a ti mismo."*
> Mateo 22:37–39 NTV

Una vez que entregamos nuestras vidas al liderazgo completo y amoroso de Jesús, ahora lo amamos a Él y a los demás <u>porque</u> queremos vivir la vida que Él desea que vivamos. Muchas personas en todo el mundo están tratando de obedecer a un Dios mal concebido porque temen el juicio y el castigo. Eso no es lo que debe motivarte a ti o a mí. Estamos motivados por amor y una gratitud profunda por lo que Jesús ha hecho.

La obediencia no debe ser motivada por el miedo al castigo, sino por amor y una profunda gratitud por lo que Jesús ha hecho.

Cuando yo estaba en la escuela de posgrado estudiando para mi maestría, tenía una perra llamada Princesa. Era mitad labrador dorado y mitad pastor alemán. Parecía un pastor dorado. Solía llevarla al gimnasio donde yo levantaba pesas. A Princesa no se le permitía entrar, pero como la sala de pesas estaba en la planta baja, la dejaba afuera con una pelota de tenis para ayudarla a mantenerse enfocada durante mi entrenamiento de una hora.

A Princesa le encantaba ir a buscar la pelota. Más o menos cada cinco minutos, iba yo a la ventana del gimnasio, pasaba la mano por debajo de su boca y decía: "Princesa, déjala caer." Ella dejaba caer la pelota; entonces yo se la lanzaba. Ella fielmente me la traía, cada vez, una y otra y otra vez, su cuerpo siempre temblando de emoción mientras me sonreía (creo que los perros pueden sonreír).

A menudo, alguien en la sala de pesas, que no tenía experiencia con Princesa, se acercaba a tirarle la pelota. Extendían la mano por la ventana, pero Princesa no se les acercaba. Frustrados, decían: "¡Princesa, déjala caer!" Ella nunca lo hacía. Este escenario se repitió una y otra vez en los cinco años que hice ejercicio en aquel gimnasio. Ella nunca obedecía a nadie más que a mí.

Tengo que admitir que su obediencia leal me dio un gran sentido de orgullo. Especialmente cuando me acercaba a la ventana,

después del intento fallido de alguien, extendía la mano y decía: "Princesa, déjala caer," y por supuesto, lo hacía.

Yo le importaba, y ellos no. *¡Ja!*

Yo tenía la palabra final.

Yo era el amo y ellos no.

Un día, después de haber sido especialmente cautivado por su fidelidad, regresé a casa y me encontré diciéndole a mi esposa: "¡Ella es una perra asombrosa! Ella me ama. ¡Ella me obedece!"

En ese momento, escuché el silencioso susurro del Espíritu de Dios preguntarme: "¿Escuchaste las palabras que acabas de decir? Son muy importantes para recordar, Hijo. La forma en que más amas a Jesús es obedeciéndole fielmente solo a Él."

Nunca he olvidado ese momento. Princesa me escuchaba por encima de todo lo demás. Dios quiere que lo escuchemos a <u>Él</u> por encima de todo. Princesa era una perra de un solo hombre. Solo yo era su amo. Jesús quiere que sus seguidores sean obedientes a un solo Amo, y ese es Él. ¿Lo ves?

Mi obediencia a Dios declara que la vida no se trata de mí sino de Jesús y lo que Él piensa que es lo mejor para mi.

Dios es muy amable en mostrarnos, lentamente (y no todo a la vez), todas las formas en que debemos obedecerlo. Él nos guía igual que nosotros guiamos a nuestros hijos, de un paso al siguiente. Es un buen Padre, paciente, amable y amoroso. Incluso cuando cometemos un gran error, Él nos sigue amando e invitando a intentar de nuevo. ¡Me encanta esto de nuestro gran Dios! Me he equivocado tantas veces desde que le di mi vida a Jesús, y Él nunca me ha condenado ni me ha dejado (Romanos 8:1). Y nunca te condenará ni te dejará.

Recuerdo un gran paso que Dios me pidió que tomara en los primeros meses de seguirlo. Estaba confiando en Él y le había entregado mi vida, bueno, todo excepto una cosa a la que todavía me aferraba.

Estaba yo saliendo seriamente con una joven que no creía en la verdad de Dios o no quería creer que solo Jesús podía convertirnos en una nueva creación. Traté de convencerme de que estaba bien tener a Dios y a ella al mismo tiempo. Pero el Espíritu de Dios me susurró que ella no estaba en Su plan para mi futuro. Discutía con esta voz e insistí que podía amar a Dios completamente y también amarla a ella. Le dije que me casaría con ella y que me esforzaría por atraerla diariamente hacia Él. Me dijo que solo Él podía atraerla. Él quería que la dejara ir y que lo siguiera solo a Él.

¿Sabías que Dios rara vez nos dice cuándo nos está probando? Él quería ver si yo estaba dispuesto a abandonar a todos los demás por Él y obedecerlo sin importar el costo. Pero, estaba reprobando la prueba. Por seis largos meses continué discutiendo con Dios. ¿Te puedes identificar? ¿Hay algo en tu vida, en lo profundo de tu corazón, que sabes que Dios te está pidiendo que cambies? ¿Estás tratando de negociar con Él? ¿Cómo te está funcionando eso? Una manera de saber cuándo no estás obedeciendo es que te faltará la paz. Es como tener acidez estomacal pero espiritual.

Finalmente, una noche estaba afuera paseando a mi perro y pidiéndole a Dios que la dejara ser la persona para mí. (¿No te alegra que Él no contesta oraciones que son malas para nosotros?) En ese momento, tuve la impresión de mirar hacia el cielo estrellado, y en los ojos de mi mente aparecieron dos imágenes. Algunos lo llamarían un sueño de día; otros lo llamarían una visión de Dios.

A la izquierda, vi a Jesús, colgado en la cruz, sangre goteando de su cuerpo perforado y desgarrado. A la derecha, vi a la chica con la que todavía estaba saliendo.

Y luego sucedió. Escuché el susurro de Dios en mi corazón decir: "Elige ahora para quién vas a vivir." La visión era tan real y la voz tan clara que caí de rodillas en el camino de entrada frente a mi casa y comencé a llorar. Le supliqué a Dios que me perdonara por dejar que esta chica se convirtiera en un ídolo en mi vida, al que me había negado a renunciar. Le dije que quería vivir sólo para Él. (Lo sé, se veía raro, ¿verdad? ¿Qué pensaría una persona manejando por allí y viendo a un tipo de rodillas llorando en el camino frente a su casa? Pero no me importó. ¡Todo lo que quería era amar a Jesús y seguirlo!)

CAPÍTULO 3: MANTENTE CONECTADO A JESÚS

A la mañana siguiente, conduje siete horas, en la nieve, hasta donde ella vivía en Pittsburgh. Le dije en persona que tenía que romper con ella y le supliqué que entregara su vida solo a Jesús. Ella me dijo que no estaba interesada en mi tipo de religión, y me fui con el corazón roto pero agradecido por el valor de obedecer la clara dirección de Dios.

PRACTICANDO LO APRENDIDO

¿Hay algunas áreas de tu vida, grandes o pequeñas, donde Dios quiere tu obediencia? ¿Te encuentras discutiendo con Él, o tal vez evitándolo en un intento de ocultar esa área? (Lamento decírtelo, pero Él lo sabe todo; ¡es Dios!) ¿Temes perder algo que crees es indispensable para vivir o que vas a perderte de algo si lo obedeces?

Dios está usando mis palabras para pedirte una vez más que elijas Su camino. La obediencia le agrada a Dios, le demuestra que lo amas a Él.

Esto puede tomarte desprevenido porque te trae a la mente algo que has estado ocultando o algo a lo que te has aferrado firmemente. ¿Escucharías el amable susurro de Dios y darías el paso de la obediencia? No te arrepentirás de hacerlo, y Dios te dará fuerzas para continuar amándolo y obedeciéndolo. Sé valiente y ora lo siguiente, si sientes que Él te está guiando:

CAPÍTULO 3: MANTENTE CONECTADO A JESÚS

ORACIÓN

Dios, te agradezco que eres tan amoroso y paciente conmigo. Quiero ser un verdadero seguidor de Jesús y demostrarlo al obedecerlo siempre a Él. Gracias por hablarme acerca de:

_____.

(Un área en la que Él te está llamando a obedecerlo)

Elijo la obediencia a Jesús en este momento y me comprometo a:

_____.

(Lo que crees que Él te está llamando a hacer)

Confío en Ti que me darás la habilidad de cumplir esto y te agradezco por tu amor y liderazgo en mi vida. En el nombre de Jesús, mi Amo. Amén.

En esta sección sobre cómo mantenerse conectado con Jesús, hemos hablado sobre las tres prácticas importantes de una relación en crecimiento con Él:

1. **Oración** - hablando con Dios y escuchando su voz.
2. **Confianza** - invitando a Jesús en cada momento de cada día, al poner tu fe en Él.
3. **Obediencia** - escuchando el susurro del Espíritu de Dios y valientemente haciendo lo que Él dice.

Quiero enfatizar, una vez más, que este es un proceso. Como cualquier relación, lleva tiempo y experiencia. Posiblemente tendrás la tentación de preguntar: "¿Alguna vez lograré esto? ¿Alguna vez escucharé el susurro de Dios?"

Me he preguntado lo mismo a través de los años que he seguido a Jesús, y puedo responderte con certeza, *¡Sí! Comenzarás a entender esto. Poco a poco.* Una gran ventaja es que hay personas a todo tu alrededor que están en la misma jornada. No estás solo.

CAPÍTULO 4
COMIENZA A APRENDER ACERCA DE JESÚS

No soy golfista. Nunca he tenido un verdadero deseo de jugar golf. Bueno, ¿te confieso? El golf me ha intimidado. He tratado de usar un palo de golf algunas veces, y se siente como si estuviera tratando de ser un tipo de contorsionista. Nada se siente normal. Me siento raro. Pero hace tiempo, estuve en la boda de mi hermano menor, y parte de las actividades de la despedida de soltero antes de la boda fue de pegarle a algunas pelotas de golf. Fuimos a un lugar en Dallas que tenía dos pisos llenos de gente pegándole a pelotas de golf hacia un campo de práctica con enormes blancos en el piso, ¡cada uno como del tamaño del jardín de mi casa!

¿Crees que estaba yo emocionado? Más bien estaba pensando: "Ah, ¡qué bien! Voy a poder juntarme con unos tipos que casi no conozco y hacer algo ¡que ni siquiera me gusta!"

Nunca creerás lo que pasó. ¿Listo para esto? ¡ME ENCANTÓ!

Bueno, no al principio. Cuando uno de los jóvenes, Jonathan, que tenía la mitad de mi edad, se ofreció a ayudarme, aprendí qué hacer.

De hecho, le pegué a la bola y, francamente, le pegué bien a la bola, ¡más de un par de veces! En verdad me gustaría hacerlo de nuevo y tal vez hasta jugar golf algún día.

No me malinterpretes. Tuve mucha tentación de no participar en el evento con la excusa de ser "un maleta" en los deportes. Pero al ir hacia el campo de práctica, decidí hacerlo por mi hermano. Quiero hacer una pausa aquí. Algo nos pasa, <u>dentro de nosotros</u> y <u>a través de nosotros</u>, cada vez que decidimos hacer algo que se enfoca en otra persona en vez de en nosotros mismos. Dios da una habilidad especial cuando nos enfocamos en otros. ¿Quieres saber qué cosa sin sentido me emociona siempre? Cuando me enfoco en los demás, siempre me siento más satisfecho que si me enfocara en mí mismo. ¡Imagínate! Pero es verdad, y, por cierto, así es como Dios nos ha diseñado.

Bueno, puedo escucharte preguntando, "¿Por qué toda esta charla del golf?" Es para ilustrar que, a menudo, cuando tenemos la oportunidad de aprender algo nuevo, podemos estar intimidados, vacilantes, y hasta reacios, dependiendo de nuestras experiencias pasadas.

¿Me dejarías continuar siendo tu entrenador de *aprendizaje*, así como Jonathan fue mi entrenador de golf?

CAPÍTULO 4: COMIENZA A APRENDER ACERCA DE JESÚS

> **Tres áreas que quiero ayudarte a aprender:**
> - A conocer a Dios, no solo saber de Él
> - A estudiar la Palabra de Dios, Su carta de Amor y manual de vida
> - A descubrir los caminos de Dios, *Que Venga Su Reino.*

— CONOCIENDO A DIOS —

Vivimos en la época más increíble de la historia. Debido a la tecnología y al Internet, alguien puede averiguar todo tipo de cosas acerca de casi cualquier persona. Si estamos interesados en salir con alguien, no pensaríamos pedirles salir sin antes revisar sus páginas en las redes sociales. Quedamos encantados con programas de televisión porque pensamos que conocemos a los personajes. Pero, hay una enorme diferencia entre saber *acerca* de alguien y *realmente* conocerlos.

La diferencia más grande es que conocer a alguien significa que ellos también te conocen. Esto es una relación.

Al comenzar a caminar con Dios, es importante que aprendas que Dios te conoce y quiere que tú lo conozcas a Él.

El cristianismo es la única religión sobre la Tierra en la que el Fundador nos llama a establecer una verdadera relación que es personal, ¡con Él!

¿No me crees? ¡Mira esto! Jesús realmente define la vida eterna no como una cantidad de años (vivir para siempre) sino como una calidad de vida (vivir en relación con Dios). Deja que estas palabras maravillosas que Jesús oró te penetren:

> *Y esta es la vida eterna: que **te conozcan a ti**, el único Dios verdadero, y a Jesucristo, a quien tú enviaste.*
> Juan 17:3 NBV [énfasis añadido]

Es por esto que encontrarás, a través de la Biblia, que la primera preocupación de Dios no es que le sirvamos a Él, que le demos a Él, o que hablemos acerca de Él; es que lo conozcamos a Él. Aunque muchas, muchas cosas intentan distraernos, seguir a Jesús se trata de una relación real, que crece y se vive. Él está tan comprometido a que lo conozcamos que nos promete invertir en esta relación continuamente y nos invita a que hagamos lo mismo.

Me encanta la historia al comienzo de la Biblia (el Antiguo Testamento) en donde Dios está llevando a Su gente de la esclavitud en Egipto a la tierra que Él les prometió. En camino, Moisés se preocupa si Dios estará con ellos durante todo el recorrido. Mira la maravillosa respuesta de Dios:

> *El SEÑOR le respondió: Yo mismo iré contigo, Moisés, y te daré descanso; todo te saldrá bien. Entonces Moisés dijo: Si tú mismo no vienes con nosotros, no nos hagas salir de este lugar. ¿Cómo se*

> *sabrá que me miras con agrado—a mí y a tu pueblo— si no vienes con nosotros? Pues tu presencia con nosotros es la que nos separa—a tu pueblo y a mí— de todos los demás pueblos de la tierra. El SEÑOR contestó a Moisés: Ciertamente haré lo que me pides, porque te miro con agrado y **te conozco** por tu nombre.*
>
> Éxodo 33:14-17 NTV [énfasis añadido]

¡La pregunta de Moisés es enorme! "¿Cómo se sabrá que me miras con agrado—a mí y a tu pueblo—si no vienes con nosotros? ¿Qué otra cosa nos distinguirá del resto de la gente [y las religiones] sobre la faz de la Tierra?"

Lo que distingue a los seguidores de Jesús es que ellos conocen a Dios por experiencia y Dios los conoce a ellos.

Aquí hay otras porciones de la Biblia que hablan acerca de conocer a Dios y experimentar Su presencia:

> *Esto dice el SEÑOR: "No dejen que el sabio se jacte de su sabiduría, o el poderoso, de su poder, o el rico, de sus riquezas. Pero los que desean jactarse que lo hagan solamente en esto: en **conocerme verdaderamente** y entender que yo soy el SEÑOR quien demuestra amor inagotable, y trae justicia y rectitud a la tierra, y que me deleito en estas cosas."*
>
> Jeremías 9:23-24 NTV [énfasis añadido]

*SEÑOR, tú me has examinado el corazón y me **conoces** muy bien [el escritor le dice a Dios]. **Sabes** si me siento o me levanto. Cuando estoy lejos, **conoces** cada uno de mis pensamientos. Trazas la senda delante de mí, y me dices dónde debo descansar. Cada momento **sabes** dónde estoy. **Sabes** lo que voy a decir antes que diga, SEÑOR. Por delante y por detrás me rodeas, y colocas tu mano sobre mi cabeza. Conocimiento tan maravilloso está más allá de mi comprensión; tan grande es que no puedo entenderlo.*
Salmos 139:1-6 NBV [énfasis añadido]

*[Jesús dijo a Sus discípulos] Y tengan por seguro esto: que estoy **con ustedes siempre**, hasta el fin de los tiempos.*
Mateo 28:20 NTV [énfasis añadido]

El mayor anhelo de Dios es de tener una relación contigo que sea personal y real. Trata de recordar esto siempre.

No todos los que están leyendo esto han estado casados, pero el matrimonio es un buen ejemplo de lo que estoy diciendo. El corazón de cualquier matrimonio es el amor y el compromiso entre dos personas. Todo gira alrededor de esto, pero la vida está llena de ocupaciones. Tenemos trabajos, carros, correos electrónicos, citas, casas, bebés; la lista es interminable. Si la pareja no tiene cuidado, todos los deberes de la vida harán trizas lo que realmente es importante. Se comienzan a sentir distanciados y desconectados, aunque viven en la misma casa. Las relaciones exitosas requieren compromiso y pasar tiempo de calidad juntos.

En todo tu aprendizaje como seguidor de Jesús, recuerda esto: Lo primero es tener una relación personal con Dios, en donde lo conoces por experiencia y Él te conoce a ti. Esto es lo que distingue la oferta de vida de Jesús de todas las otras ofertas religiosas del mundo.

En la iglesia Lifegate en Omaha Nebraska, donde pastoreo, llamamos a esto _estar primero sedientos de Dios_. Déjame terminar esta sección con una descripción del Rey David. Posiblemente ya hayas escuchado de él anteriormente en la conocida canción _Hallelujah_ de Leonard Cohen. David fue el rey de Israel que agradó a Dios tanto que Dios lo llamó, "un hombre conforme a mi propio corazón." ¿Sabes lo que hizo que David fuera esta clase de hombre? ¡Él estaba _primeramente sediento_ de Dios, de conocer a Dios y de vivir en Su presencia!

Aunque el Rey David tenía un horario agotador, huyendo de sus enemigos y eventualmente siendo líder del pueblo de Dios por 40 años, él reveló el verdadero amor y enfoque de su vida cuando escribió el Salmo 27. Ve si puedes encontrar lo que estoy diciendo en este pasaje:

> *Una cosa he pedido al SEÑOR, y esa buscaré: Que habite yo en la casa [presencia] del SEÑOR*

> *todos los días de mi vida, para contemplar la hermosura del SEÑOR y para meditar en Su templo.*
> Salmos 27:4 NBLA

Sobre todas las cosas que pudiéramos hacer *por* Dios, todas las formas que pudiéramos hablar *acerca* de Dios, Él se complace más con nuestro deseo puro de conocerlo a Él, amarlo y estar con Él.

Y, a propósito, puede que te encuentres con personas bien intencionadas que te dirán que estás emocionado o emocionada ahora pero que eso se irá desvaneciendo al igual que tu pasión. Por favor no les pongas ninguna atención. Lo que ellos dicen normalmente está basado en su experiencia. El diseño de Dios para nuestra relación con Él es que fuera incrementalmente más emocionante, gratificante y llena de propósito, no menos.

Una buena paralela es el matrimonio. Kris y yo llevamos casados casi cuatro décadas, y nos amamos más, nos atraemos más el uno al otro y disfrutamos nuestra compañía más que nunca. Y continúa creciendo. Cuando eliges amar a alguien más con todo tu corazón, tu amor no se desvanece con el tiempo, sino ¡florece!

Me enamoro de mi esposa una y otra vez. Me enamoro de Jesús una y otra vez. Deja que tu amor sea una elección constante, y ¡fíjate cómo aumenta constantemente!

PRACTICANDO LO APRENDIDO

¿Alguna parte de esto es nuevo para ti? ¿Estás acostumbrado a pensar menos acerca de conocer a Dios y más acerca de ir a la iglesia, de no decir malas palabras, de ayudar a las personas sin hogar o de dar dinero? Una de las cosas que me ayuda a fijar esta prioridad es este pensamiento:

Dios no nos necesita;
Él nos desea.

Piénsalo. Dios puede hacer todo por sí mismo. De hecho, Él puede hacerlo mejor que si estamos nosotros involucrados. Dios, que todo lo sabe, que es todopoderoso, que es dueño de la Tierra, no necesita nada de ti ni de mí. Pero Él quiere una relación con nosotros. ¡Sorprendente! Es verdad. A través de toda la Biblia leemos acerca de Dios, quien nos busca sin cesar, mostrando Su amor y dándonos la oportunidad de amarlo a cambio.

¿Puedes considerar tomar un momento y dejarle saber a Jesús cómo ha cambiado tu forma de pensar? ¿Podrías decirle que quieres poner como primera prioridad en tu vida conocerlo a Él? Me pasa que cuando le escribo una nota de amor a Dios, a Él le complace infinitamente de la misma forma que una notita de mi hijo o hija me agradaba cuando eran pequeños y apenas podían escribir o deletrear.

Toma un tiempo para sentarte y pensar acerca de lo que acabas de leer: Dios quiere que yo lo conozca íntimamente, de la misma manera que lo hacen los mejores amigos. ¡Él me conoce de nombre y me ama!

Aquí hay un espacio para que le escribas una nota. Si quieres, puedes dibujarle un pequeño dibujo en la siguiente página, solamente para que Él lo vea. Diviértete.

Jesús,

MI DIBUJO PARA DIOS:

ORACIÓN

Señor Jesús, gracias por recordarnos de nuevo acerca de la gran bendición que es conocerte. Gracias por desear tener este tipo de relación con cada uno de nosotros. Enseña a la persona que está leyendo estas palabras a hacer esta su prioridad principal: de conocerte y amarte. Pido esto en Tu precioso nombre, ¡Amén!

— ESTUDIA LA PALABRA DE DIOS, LA BIBLIA —

Estuve dudando si debía usar la palabra "estudia" como parte del título de esta sección. Me doy cuenta de que no a todos les gusta leer. Pero frecuentemente nos encontramos leyendo en línea, o en textos, o comunicándonos en las redes sociales, o mirando en YouTube o varias otras formas que evolucionan continuamente para obtener conocimiento. Leer un libro tal vez no esté hasta arriba de tu lista, y pensar en sentarse y meterse de lleno a un libro tan grueso como la Biblia puede ser intimidante.

Yo quiero pedirle a Dios que te ayude a que comiences a entender Su profundo amor por ti que Él ha expresado en la historia que se remonta desde la creación del mundo. La Biblia no es solamente una carta de amor para cada uno de nosotros, es también Su manual para vivir una vida buena, abundante, significativa y justa.

Y es mucho más.

La Biblia es un archivo escrito de lo que Dios ha dicho por siglos a Sus seguidores. Este archivo es una expresión de Su corazón a través de historias, poemas, cantos, parábolas y cartas dirigidas a todos nosotros.

Para aquellos que no están familiarizados con la Biblia, aquí hay algunos datos básicos acerca de la Biblia:

- La Biblia es una recopilación de 66 libros distintos, escritos por 40 escritores.
- Aunque la Biblia fue escrita por 40 escritores, la Biblia tiene solo un autor - Dios mismo.
- La Biblia fue escrita durante un periodo de más de 1500 años.
- La Biblia tiene centenares de profecías acerca del futuro, y más de 300 se cumplieron específicamente en la vida de Jesús. (Ninguna otra religión tiene un registro de profecías dadas y cumplidas con tanta exactitud.)
- La Biblia es verdadera, sobrenatural, viva y poderosa.
- La Biblia ha sido usada por Dios para transformar a un sinnúmero de personas.

La misma Biblia se describe como: El aliento de Dios, la Palabra de Dios, el pan del cielo y la espada del Espíritu. Hay muchas otras formas de describir la Palabra de Dios, así que voy a resumir esto diciendo: la Biblia es un libro inspirado por Dios, siendo Dios su autor y escrito por personas que Él motivó sobrenaturalmente. Es la descripción de Dios de Él mismo para que podamos comenzar a comprenderlo. Es una declaración de su infinito amor por nosotros y, finalmente, es Su invitación de perdón y nueva vida a través de la muerte de Jesús en la cruz, y la encomendación de nuestras vidas a Él.

"Pero," tú dices, "el libro es tan grande y tan difícil de entender que ¡no sé ni siquiera por dónde comenzar!" Muchas personas se sienten así. Yo me sentí igual cuando comencé a leer la Biblia.

Me ayudó cuando supe que Dios estaba involucrado íntimamente en el proceso cada vez que yo abría la Biblia. Como autor, Él tiene la habilidad a través de Su Espíritu, que vive ahora en ti y en mí, de ayudarnos a entender lo que Él ha escrito. Él quiere que vivamos una vida llena de propósito, con significado, poder e impacto. Su "manual de vida," la Biblia, es la forma principal por la cual Él nos ayuda a aprender y vivir abundantemente. El siguiente pasaje es una excelente descripción de lo que la Biblia fue diseñada a ser para nosotros:

> *Desde la niñez, se te han enseñado las sagradas Escrituras, las cuales te han dado la sabiduría para recibir la salvación que viene por confiar en Cristo Jesús. Toda la Escritura es inspirada por Dios y es útil para enseñarnos lo que es verdad y para hacernos ver lo que está mal en nuestra vida. Nos corrige cuando estamos equivocados y nos enseña a hacer lo correcto. Dios la usa para preparar y capacitar a su pueblo para que haga toda buena obra.*
>
> ii Timoteo 3:15-17 NTV

Si la Biblia es todo esto y más, ¿dónde se supone que uno debe comenzar a leerla? Esta es una buena pregunta ya que la Biblia es una recopilación de libros y no solo una historia que avanza cronológicamente (en orden).

Mi consejo es de comenzar con los cuatro libros que describen la vida de Jesús. Al leer acerca de Jesús y estudiar Su vida, comenzarás a conocer más a Aquel que has elegido seguir, porque Él te hablará sobrenaturalmente.

¿Cómo te hablará "sobrenaturalmente"? Aquí está lo que muchas personas que han experimentado su voz personal dicen cuando leen la Biblia: "¡Sentí que las palabras saltaban de la página!" Esta es su forma de describir como Jesús se revela a Sí mismo, y Sus maneras, en "tiempo real" a través de este libro tan antiguo, pero tan vivo. Las palabras que leen cobran vida con significado y aplicación para sus vidas.

Posiblemente tú ya hayas experimentado esto cuando fuiste expuesto a estas palabras en el libro de Juan:

> *Porque de tal manera amó Dios al mundo, que dio a Su Hijo unigénito, para que todo aquel que cree en Él, no se pierda, sino que tenga vida eterna.*
> Juan 3:16 NBLA

Quizás te diste cuenta de que Dios estaba diciendo que Él te amó tanto que Él dio a Su único Hijo. Por *ti*. Él dio a Jesús, personalmente, sacrificadamente, sinceramente. Dios te ama a *ti*. Dios lo dio todo por *ti*. ¡Tú ya nunca tienes por qué estar perdido, sentirte culpable, o solo! Ahora, si **un** solo versículo te dice tanto, ¿te puedes imaginar cuánto más quiere decirte Dios en todos los 66 libros que componen la Biblia?

¿Estás listo para comenzar a estudiar? Aquí hay dos maneras de tomar tus primeros pasos para entrar a la Biblia:

PRIMER PASO

Comienza con los cuatro Evangelios: *Mateo, Marcos, Lucas* y *Juan*. Estos cuatro libros de la Biblia son narraciones, o sea historias, y todas se tratan de lo mismo: la vida de Jesús, sus palabras, milagros, muerte y resurrección. "¿Por qué tengo que leer la misma historia cuatro veces diferentes?" Porque las historias provienen de cuatro diferentes seguidores de Jesús, y aunque tienen muchas de las mismas partes de la historia de Su vida, cada una de ellas muestra cosas únicas acerca de la vida de Jesús. Cuando finalmente leas las cuatro, no solamente sabrás más acerca de Jesús, pero si las lees con un corazón abierto y dispuesto, realmente lo conocerás más. Recuerda, Él no es tan solo el objetivo de estos cuatro libros, sino, a través de Su Espíritu que inspira, Él es también el autor. ¡Increíble, pero cierto!

Entonces, en lugar de leer los cuatro evangelios en orden, yo te animo a comenzar con el evangelio de *Juan*. En el capítulo 20, Juan de hecho nos dice por qué escribió su libro:

> *Los discípulos vieron a Jesús hacer muchas otras señales milagrosas además de las registradas en este libro. Pero estas se escribieron para que ustedes continúen* **creyendo** *que Jesús es el Mesías, el Hijo de Dios, y para que, al* **creer** *en él, tengan vida por el poder de su nombre.*
>
> Juan 20:30-31 NTV [énfasis añadido]

Juan fue inspirado por Dios para escribir con el fin de que todos los que lean quisieran creer en Jesús, confiarle la vida plenamente a Él—así como tú lo has hecho—y entonces experimentar la vida y crecimiento como una nueva creación de Dios. Con frecuencia, los escritores enfatizan una palabra clave en los libros que escriben. En el libro de *Juan*, la palabra que más resalta es *creer*. Esto tiene sentido ya que, en el pasaje anterior, Juan dijo que esta era su meta. Pero esto te puede sorprender: él repite la palabra *creer* en este libro entre 85 y 100 veces, dependiendo de la versión que tú leas.

Ya que *creer* (creencia) es la meta del evangelio de Juan, y como es la palabra clave, valdría la pena marcarla con un círculo cada vez que la veas o subrayarla en tu aplicación electrónica de la Biblia. Luego hazte estas tres preguntas cada vez que la encuentres:

1. **Dios, ¿qué le estabas diciendo a la gente en la historia acerca de creer?**
   (posibles observaciones que podrías tener: que ellos creyeron después que Jesús hizo algo maravilloso; que ellos escogieron oponerse en vez de creer, etc.)

2. **Dios, ¿que nos estás diciendo hoy acerca de creerte o de creer en ti?**
   (posibles respuestas podrían ser que he comenzado a creer, que Jesús es alguien a quién se le puede creer; que algunas veces nuestros temores o fracasos nos han impedido creer; que Jesús ama a las personas aún antes de que crean, etc.)

3. **Dios, ¿qué me estás diciendo? y ¿cómo quieres que aplique en mi vida lo que estoy aprendiendo?**
   (posibles respuestas: que puedes confiarlo con tu vida; que Él te dará valentía para creer lo suficiente para hablarle a otros acerca de tu amor por Él y de la vida que Él ofrece; que siempre habrá gente que se oponga a Jesús y a creer en Él, pero Él vale la pena, etc.)

Aquí hay otra forma de describir estos tres simples pasos: Observación, interpretación y aplicación. La observación es ver lo que el pasaje dice. La interpretación es entender lo que el pasaje significa. La aplicación es aplicar la verdad del pasaje a mi vida.

Ya sea con una sola palabra o un párrafo, este es un método básico para estudiar cada pasaje que lees en la Biblia. Si haces esto, y tomas el tiempo para reflexionar y escuchar al Espíritu de Dios, Él te guiará en el estudio de Su Palabra, y verás tu vida cambiar para bien.

PRACTICANDO LO APRENDIDO
Aquí está una de mis historias favoritas de la Biblia; se encuentra en el libro de *Juan*. Es una historia de Jesús resucitando a Su amigo Lázaro de la muerte. Si estás dispuesto o dispuesta, quiero que leas el pasaje entero. Luego, léelo de nuevo, pero esta vez marca con un círculo cualquier forma del verbo *creer* cada vez que la veas en el pasaje. (Está bien escribir en tu Biblia o subrayar pasajes

en tu aplicación electrónica de la Biblia). Después, toma cada *creer*, uno por uno, y contesta las tres preguntas que te enseñé. Si gustas, puedes escribir tus respuestas cada vez que la palabra *creer* aparece, o las puedes escribir en la sección de notas de tu celular para revisarlas más tarde. Adelante, pruébalo.

Cuando Marta supo que Jesús llegaba, le salió al encuentro. Pero María se quedó en la casa. Marta le dijo a Jesús: Señor, si hubieras estado aquí, mi hermano no habría muerto. Pero a pesar de eso, yo sé que Dios te dará todo lo que le pidas.

Jesús le dijo: Tu hermano volverá a vivir. Marta respondió: Yo sé que volverá a vivir, en la resurrección, cuando llegue el día final.

Jesús le dijo: Yo soy la resurrección y la vida. El que cree en mí, aunque muera, vivirá; y todo el que cree en mí nunca morirá. ¿Crees esto?

Ella le respondió: Sí, Señor. Yo creo que tú eres el Cristo, el Hijo de Dios, el que debía venir al mundo. Después de decir esto, Marta regresó a la casa y llamó a su hermana María. Le dijo en secreto: El Maestro está aquí y te llama. Sin perder tiempo, María se levantó y fue a verlo.

CAPÍTULO 4: COMIENZA A APRENDER ACERCA DE JESÚS

Jesús todavía estaba fuera del pueblo, en el lugar donde Marta se había encontrado con él. Los judíos que estaban en la casa consolando a María, al ver que se levantaba y salía de prisa, la siguieron. Ellos pensaban que iba al sepulcro a llorar. Cuando María llegó a donde estaba Jesús y lo vio, se arrojó a sus pies y le dijo: Señor, si hubieras estado aquí, mi hermano no habría muerto.

Jesús, al ver llorar a María y a los judíos que la acompañaban, se conmovió mucho y se turbó. Él les preguntó: ¿Dónde lo sepultaron?

Ellos le respondieron: Ven a verlo, Señor. Jesús lloró. Los judíos dijeron: ¡Miren cuánto lo quería! Pero otros decían: Este, que le dio la vista al ciego, ¿no podía haber evitado que Lázaro muriera?

Jesús, conmovido una vez más, se acercó al sepulcro. Era una cueva que tenía tapada la entrada con una piedra. Jesús ordenó: Quiten la piedra. Marta, la hermana del muerto, respondió: Señor, ya debe oler mal, pues hace cuatro días que murió.

Jesús le respondió: ¿No te dije que si crees verás la gloria de Dios? Entonces quitaron la piedra. Jesús miró al cielo y dijo: Padre, te doy gracias porque me has escuchado. Yo sé que siempre me escuchas, pero lo dije para que la gente que está aquí crea que tú me enviaste. Después de decir esto, gritó con todas sus fuerzas: ¡Lázaro, sal de ahí! Y el que había estado muerto salió, con las manos y los pies vendados, y el rostro cubierto con un lienzo. Jesús les dijo: Quítenle las vendas y déjenlo ir.

Muchos de los judíos que estaban visitando a María y vieron lo que Jesús hizo, creyeron en él. Pero otros fueron a ver a los fariseos y les contaron lo que había hecho Jesús.

Entonces, los jefes de los sacerdotes y los fariseos reunieron al Consejo. Y dijeron: ¿Qué vamos a hacer? Este hombre está haciendo muchas señales milagrosas. Si lo dejamos, todos van a creer en él, y los romanos vendrán y destruirán nuestro lugar sagrado y hasta nuestra nación.

Juan 11:20-48 NBV

¿Cómo te fue? ¿Encontraste todas las formas de la palabra creer? Debiste haber encontrado un total de ocho. ¿Trataste de contestar las preguntas? Qué historia tan increíble llena de pérdida e *incredulidad*, con esperanza y vida eterna de Jesús para aquellos que *creen* (confían), con mucha gente que vio lo que Él hizo y *creyeron*, y con líderes religiosos (los fariseos) que trataron de evitar que *creyeran*. ¡Increíble! ¡Todo eso en esta pequeña historia! ¿Puedes ver cómo esto se podría aplicar a ti y a las situaciones en tu vida que parecen desesperanzadas, tristes o muertas?

CAPÍTULO 4: COMIENZA A APRENDER ACERCA DE JESÚS

ORACIÓN

Señor Jesús, ayuda a cada persona que está leyendo a entender cómo ellos pueden aplicar Tu Palabra en sus vidas. ¡Amén!

SEGUNDO PASO

El siguiente paso, después de leer los cuatro evangelios—y de poner un círculo alrededor de la palabra *creer* cada vez que la ves en el evangelio de *Juan*—es el de familiarizarte con los recursos disponibles para ayudarte a estudiar, no solo un pasaje de la Biblia, sino también palabras particulares de la Biblia.

Una búsqueda rápida en Google te mostrará muchos recursos disponibles en línea para ayudarte a leer varias versiones,

buscar las muchas formas que una palabra en particular se usa en la Biblia (amor, por ejemplo) y estudiar lo que los teólogos reconocidos y los comentaristas han dicho sobre cada versículo en la Palabra de Dios.

Los recursos que altamente recomendaría son:

bibleproject.com/spanish
Este recurso te ayudará a comprender cada libro de la Biblia, así como los temas principales de la Biblia. Tienen dibujos, ¡En serio, muchos dibujos! Tiene videos cortos que muestran progresiva y artísticamente el contenido de cada libro. Es extraordinario.

Hasta tienen varios videos, cada uno de menos de ocho minutos, que enseñan cómo estudiar la Biblia.

La aplicación (app) "Bible" de Bible.com
Esta es una app de la Biblia gratuita en la tienda de apps que provee muchas diferentes versiones de la Biblia entera, planes de lectura diarios y comentarios de eruditos sobre cada versículo. Dale un vistazo. Al descargarla, tendrás la Biblia entera contigo en cualquier momento que tengas tu dispositivo móvil.

RayMayhewOnline.com
Ray Mayhew es un amigo mío cercano. Él es un maestro increíble de la Biblia y aparte es un erudito. Además, es Británico. No sé tú, pero todo suena mejor cuando es dicho por alguien con un acento británico. Ray ha enseñado sobre el contenido y

CAPÍTULO 4: COMIENZA A APRENDER ACERCA DE JESÚS

significado de cada libro de la Biblia y su sitio web tiene audios grabados (en inglés) de cada una de sus pláticas. También tiene algunos otros recursos académicos para aquellos que quieren profundizar más. Es un auténtico tesoro de revelación. Espero tomes algún tiempo para explorarlo.

PRACTICANDO LO APRENDIDO

He pasado aquí bastante tiempo hablando de estudiar la palabra de Dios para crecer. Sé que es mucho que absorber. Espero que comenzando con el libro de Juan y enfocándote en una sola palabra te ha mostrado que puedes leer la Biblia, y la puedes entender, y a medida que lo hagas, Dios te revelará más acerca de Él mismo y de sus caminos.

Puede que encuentres que otros cristianos hablan de tener "devocionales" o un " tiempo en silencio con Dios" y pienses, "¿De qué están hablando?" A mí me pasó eso. Lo que esas palabras simplemente significan es: un tiempo que se aparta diariamente para enfocarse en conocer a Dios, orando y leyendo Su Palabra. Esto le deja saber a Dios que Él tiene nuestra completa atención y nos pone en posición para mantenernos conectados con Él durante todo el día.

Ya sean 10 minutos con tu café antes de bañarte en la mañana, o cinco minutos en tu carro en tu hora del almuerzo o veinte minutos al final del día, estás tomando tiempo para que tú y Dios se encuentren.

Con frecuencia comienzo este "tiempo con Dios" diciéndole cuánto lo amo y qué tan agradecido estoy por mi vida, Su amor, mi familia y nuestra iglesia. Luego, leo un pasaje de la Biblia, lenta y pensativamente, recordándome a mí mismo de preguntar: ¿Qué le estaba diciendo Dios a la gente a la que les escribió esto? ¿Qué nos está diciendo a nosotros hoy? ¿Qué me está diciendo a mí, y cómo aplico lo que estoy aprendiendo?

Me parece muy útil tener un diario para escribir esas respuestas, ya sean de Su Palabra o del susurro de Su Espíritu en mi corazón. También le escribo mis oraciones a Dios como si le estuviera escribiendo una carta.

Trata de encontrar tiempo _en silencio_ con Dios y verás lo que pasa. Si se te pasa un día, no te atormentes. La mayoría de las personas se esfuerzan por hacerlo tres o cuatro veces a la semana porque la vida está tan ocupada. Mientras más tiempo pases con Jesús, más tiempo _querrás_ pasar con Él.

Déjame concluir esta sección con una promesa para nosotros de la Biblia:

Qué alegría para los que no siguen el consejo de malos, ni andan con pecadores ni se juntan con burlones; sino que se deleitan en la ley del SEÑOR meditando en ella día y noche.

Son como árboles plantados a la orilla de un río, que siempre dan fruto en su tiempo. Sus hojas nunca se marchitan, y prosperan en todo lo que hacen.
Salmo 1:1-3 NTV

— DESCUBRIENDO LOS CAMINOS DE DIOS —

En Norte América, por lo menos, casi todos están familiarizados con la oración del Padre Nuestro. Ellos tal vez podrían recitar partes de ella. Es una oración que Jesús les enseñó a Sus discípulos. Yo la aprendí cuando era un niño pequeño, pero no comencé a entenderla hasta estar en mis treintas. La parte que más me confundía era esta:

*Venga tu reino, hágase tu voluntad
en la tierra como en el cielo.*
Mateo 6:10 NVI

A mí me habían enseñado que Jesús vino a la Tierra para rescatarme, morir por mí y darme vida eterna. Yo describiría esto como una perspectiva *unidimensional* del plan de Dios para el mundo. Yo lo describo de esta forma porque Él tiene un plan aún mayor y uno en el que nos ha invitado a participar activamente.

CAPÍTULO 4: COMIENZA A APRENDER ACERCA DE JESÚS

Dios envió a Jesús a nuestro mundo quebrantado para rescatarnos del castigo de nuestro pecado, o cáncer espiritual, y de su poder en nuestras vidas. Sin embargo, Él no se detiene allí. Dios nos cambia para que podamos ser parte de Su esfuerzo de rescate espiritual (a través de nuestras palabras, ejemplo y servicio). He aquí una forma en la que Jesús describe nuestra participación:

> *Ustedes son la luz del mundo. Una ciudad en lo alto de una colina no puede esconderse. Ni se enciende una lámpara para cubrirla con un*

> *cajón. Por el contrario, se pone en la repisa para que alumbre a todos los que están en la casa. Hagan brillar su luz delante de todos, para que ellos puedan ver las buenas obras de ustedes y alaben al Padre que está en el cielo.*
>
> Mateo 5:14-16 NVI

Me imagino que una de las razones por las que estás leyendo este libro es porque alguien te iluminó con la luz y el amor de Dios por medio de sus buenas obras y palabras amables. ¿Estoy en lo correcto?

"Venga tu reino, hágase tu voluntad," significa que estoy de acuerdo con el plan de Dios para el planeta Tierra, lo cual involucra a muchas más personas que a mí.

El Reino de Dios, en términos simples, es el plan de Dios, la voluntad de Dios, la presencia reinadora de Dios y su propósito. Yo sé, aún es algo bastante grande que absorber. Aquí hay otra forma de decirlo:

> *El Reino de Dios viene cada vez*
> *que los planes de Dios se cumplen*
> *en las vidas de las personas*

El mensaje de Jesús, y lo que continuamente enseñó a sus discípulos, fue que "el reino de Dios está entre ustedes." En otras palabras, desde que Jesús vino, nos hizo creaciones

completamente nuevas y puso a Su Espíritu duradero dentro de nosotros, Sus planes ahora se pueden cumplir en y a través de nuestras vidas.

Dios quiere que tú y yo seamos una parte importante en expresar Sus planes en la Tierra, además de oponerse a los planes del otro reino llamado el Reino de la Oscuridad. Suena como el *Juego de Los Tronos* (*Game of Thrones*) o algo así, ¿verdad? Pero esto es real. Hay un poder espiritual oscuro que se opone a los planes de Dios y trata de motivar a las personas a vivir para sí mismas. Tal vez ya te has topado con esto cuando le dijiste a tu familia o amigos que has elegido ser un seguidor de Jesús, y ellos no solo estuvieron desinteresados, sino también se enojaron contigo por hacerlo. El Reino Oscuro es uno que se opone a que Dios esté en el centro, y nos pone a nosotros en el trono en vez de a Él. Busca que apretemos con el puño las llaves de nuestras vidas. Este Reino Oscuro es la fuente de toda la angustia, el dolor, las guerras y la muerte sobre la Tierra.

> *Antes vivían pecando, igual que todo el mundo, y se dejaban guiar por el que gobierna las fuerzas de maldad que están en el aire y que todavía actúa por medio de los que desobedecen a Dios.*
> Efesios 2:2 PDT

Los planes de Dios para nosotros no solo incluyen nuestra salvación y la salvación de otros, sino también la transformación de las áreas oscuras de la vida sobre la Tierra a áreas de esperanza, provisión, sanación y paz. Y todos nosotros que seguimos a Jesús somos llamados a ser parte de esta transformación. No simplemente lo pedimos en oración; sino participamos en la venida de Su Reino. Dios quiere utilizarnos a <u>nosotros</u> para mover al planeta Tierra a tener una alianza con Él. Te preguntas, ¿cómo? Dios "se pone" a las personas. Lo que quiero decir es que Dios vive dentro de nosotros (nos trae "puestos") para empoderarnos a expresar Su amor y objetivos hacia los demás.

"Venga tu reino, hágase tu voluntad *en la tierra como en el cielo.*" En el cielo <u>no hay cáncer espiritual o muerte</u> así que somos llamados a compartir en la Tierra las buenas noticias de la salvación de Dios a través de la fe en Jesús (al contarle a tu familia, amigos o compañeros de trabajo la historia de cómo has experimentado el perdón de Dios y una relación verdadera y personal con Él). En el cielo <u>no hay enfermedad</u>, así es que nosotros somos llamados a traer sanidad sobre la Tierra (ya sea a través de la oración o construyendo hospitales en naciones sin esperanza). En el cielo <u>no hay abuso</u>, así es que somos llamados a defender a aquellos que son abusados (ya sea viviendo con los marginados, siendo un padre sustituto o siendo parte del rescate de los que están atrapados en el tráfico sexual). En el cielo <u>no hay hambre</u>, <u>no hay pobreza</u>, <u>no hay ignorancia</u>, así es que somos llamados a proveer comida al hambriento, provisión para los que están escasos de necesidades básicas y educación para todos (ya sea distribuyendo comida y provisión a refugiados globalmente o a las personas sin hogar localmente o enseñando habilidades básicas de lectura a los pobres).

CAPÍTULO 4: COMIENZA A APRENDER ACERCA DE JESÚS

La voluntad de Dios es trabajar a través de ti y de mí para ver Su Reino (el cielo) venir a toda la Tierra. Él quiere utilizarnos para hacer una diferencia duradera sobre la Tierra al ir viviendo Sus planes del Reino. Él no está solamente interesado en que lleguemos al cielo, Él está igualmente interesado en que ¡el cielo llegue a nosotros!

*¡**Por medio de ti** serán bendecidas todas las familias de la tierra!*
Genesis 12:3 NVI [énfasis añadido]

"Busquen el bienestar de la ciudad a la que los he enviado y oren por ella al SEÑOR, porque el bienestar de ustedes depende del bienestar de ella... Sé muy bien **lo que tengo planeado para ustedes**, dice el SEÑOR, son planes para su bienestar, no para su mal. Son planes de darles un futuro y una esperanza."

Jeremías 29:7-11 PDT [énfasis añadido]

Por su misericordia y por medio de la fe, ustedes son salvos. No es por nada que ustedes hayan hecho. La salvación es un regalo de Dios y no se obtiene haciendo el bien. Esto es así para que nadie se sienta orgulloso. Somos creación de Dios, creados en Cristo Jesús **para hacer las buenas obras que Dios** de antemano **ya había planeado.**

Efesios 2:8-10 NBV [énfasis añadido]

[Jesús dijo] Entonces el Rey dirá a los que estén a su derecha: "Vengan, ustedes, que son benditos de mi Padre, hereden el reino preparado para ustedes desde la creación del mundo. Pues tuve hambre, y **me alimentaron.** Tuve sed, y **me dieron de beber.** Fui extranjero, y **me invitaron a su hogar.** Estuve desnudo, y **me dieron ropa.** Estuve enfermo, y **me cuidaron.** Estuve en prisión, y **me visitaron.**"

Mateo 25:34-36 NTV [énfasis añadido]

Jesús <u>no</u> solamente vino para salvarnos y traer un Reino de Salvación (solo salvarnos para ir al cielo). Él vino para traer un Reino.

Conforme nuestros ojos se van abriendo por el Espíritu de Dios, comenzamos a ver nuestro papel, y también la oposición feroz que pelea en contra de este Reino de amor desinteresado y de servitud.

La gráfica que sigue puede ayudarte a ver qué tan diferente es la vida cuándo somos parte del Reino de Dios.

EL REINO DE LA OSCURIDAD	VS.	EL REINO DE DIOS
LA FELICIDAD resultaba al vivir para mí mismo.		*LA FELICIDAD resulta al vivir para Dios y para otros.*
LA VIDA se trataba de cuánto yo podía adquirir.		*LA VIDA se trata de cuánto yo puedo dar.*
La meta de la vida es que te SIRVAN a ti.		*La meta de la vida es SERVIR como Jesús lo hizo.*
Cuando me hacen DAÑO, ¡me desquito!		*Cuando me hacen DAÑO, perdono, como Jesús me perdonó.*
Para poseer la VIDA, debo tomarla.		*Para poseer la VIDA, debo dársela a Dios.*

Cuando decidiste seguir a Jesús, te convertiste en un ciudadano eterno del Reino de Dios. Todos somos ciudadanos de alguna nación en la Tierra, pero la Biblia dice que esta ciudadanía es temporal. Mientras estamos vivos, tenemos doble ciudadanía—la Celestial y la Terrenal—pero nuestra lealtad principal es con nuestra ciudadanía Celestial.

> *Porque nuestra ciudadanía está en los cielos, de donde también ansiosamente esperamos a un Salvador, el Señor Jesucristo, el cual transformará el cuerpo de nuestro estado de humillación en conformidad al cuerpo de Su gloria, por el ejercicio*

> *del poder que tiene aun para sujetar todas las cosas a Él mismo.*
> Filipenses 3:20-21 NBLA

Muchos Cristianos creen erróneamente que convertirse en una creación **completamente nueva** se trata todo de ellos mismos. Se pierden del mejor plan de Dios, del cual Jesús y Sus seguidores hablaron y realizaron en sus vidas: el Reino de Dios ha llegado, vive para el Rey (Jesús) y para Su Reino.

Sin embargo, es bueno recordar que Jesús sabe que tenemos necesidades, cuentas, preocupaciones y horarios. Entonces, Él nos da la llave para ver que todas estas cosas se solucionen al confiar en Él. ¿Listo para esto?

> *[Jesús dijo] Así que no se preocupen ni digan: "¿Qué vamos a comer?" o "¿Qué vamos a beber?" o "¿Qué ropa vamos a usar?" La gente que no conoce a Dios trata de conseguir esas cosas, pero ustedes tienen a su Padre en el cielo que sabe que necesitan todo esto. Así que, primero busquen el reino de Dios y su justicia, y se les dará todo lo que necesitan.*
> Mateo 6:31-33 PDT

Otra forma de decir esto es:

> *Enfócate en Dios y Su Reino,*
> *y Él se encargará del resto.*

PRACTICANDO LO APRENDIDO

Uno de los ejemplos más profundos de una persona que vivió para ver que el Reino de Dios viniera a la Tierra es la Madre Teresa. La monjita de Kosovo capturó la atención del mundo entero con su servicio sacrificado a los pobres y los moribundos de Calcuta en la India.

Ella ayudó a un sinnúmero de personas y estableció un movimiento de compasión y de la presencia manifiesta de Dios sobre la Tierra. Cualquiera podría sentirse intimidado por tal récord de servicio, pero no después de leer algunas de sus palabras:

> "No todos podemos hacer grandes cosas. Pero podemos hacer cosas pequeñas con gran amor."
> —Madre Teresa

> " No permitas que nadie venga a ti sin irse mejor y más feliz. ¡Sé la expresión viviente de la amabilidad de Dios: amabilidad en tu rostro, amabilidad en tus ojos, amabilidad en tu sonrisa!"
> —Madre Teresa

> "Yo sola no puedo cambiar el mundo, pero puedo lanzar una piedra por encima del agua para crear muchas ondas en la superficie."
> —Madre Teresa

He incluido estas citas porque ellas enfatizan una vida de bondad expresada a través del amor de Dios. Esto no es muy difícil para ninguno de nosotros si estamos dispuestos a escuchar al Espíritu de Dios hablar dentro de nosotros.

Con mucha frecuencia, nuestro mayor obstáculo para traer el Reino de Dios a la Tierra no es una falta de fe sino una falta de espacio. Nuestras vidas están tan llenas, y nos movemos a un paso tan rápido que podemos pasar por alto las grandes necesidades a nuestro alrededor.

Toma un minuto y hazte unas cuantas preguntas:

1. ¿Ves a una cajera que regularmente parece estar triste? ¿Has considerado orar por esta persona o decirle algo alentador?

2. ¿Tienes un vecino que no es muy querido en tu vecindario, porque es gruñón y tal vez descuida cortar el césped o rastrillar sus hojas de árbol? ¿Has pensado alguna vez ofrecerte a ayudarlo o llevarle galletas o simplemente comenzar una conversación con él o ella?

3. ¿Tienes un amigo o miembro de la familia que podría beneficiarse al escuchar los cambios asombrosos que has experimentado desde que conociste a Jesús? ¿Alguien que, como tú, necesita comenzar una relación personal con Dios? ¿Por qué no comienzas a orar por ellos regularmente y le pides a Dios que tengas una oportunidad de compartir lo que Él ha hecho por ti y en ti?

4. ¿Conoces los diferentes servicios de asistencia y recursos que ofrece tu iglesia local, como el Open Door Mission para las personas sin hogar en Omaha?, ¿un orfanato en Costa Rica?, ¿organizaciones que dan ayuda práctica a los refugiados, etc.? ¿Podrías considerar tomar un paso para averiguar cómo Dios quisiera que fueras parte de esto?

5. ¿Ves el trabajo solamente como una rutina para ganar dinero? ¿Podrías considerar la idea de que tal vez Dios te tenga ahí como la única luz en un lugar oscuro? Cada vez que les sonríes, compartes con ellos y animas a tus compañeros de trabajo, podrías ser una expresión de Su Reino viniendo a la Tierra.

Mientras lees estas preguntas, el Espíritu de Dios tal vez te está recordando de personas en tu esfera de influencia que necesitan Su amor, Su ayuda y Su salvación. Este es un buen momento para orar por ellos y preguntarle a Dios cómo querría usarte para transmitir estas cosas.

Ahora, toma un momento y escucha la voz suave de Dios para ver si Él te quiere guiar a comenzar a _hacer_ algo en forma diferente, y orar en forma diferente, esta semana. Escríbelo aquí abajo con la fecha, para que cuando lo veas de nuevo, puedas ver cómo Dios te está usando para ver venir Su Reino, en tu mundo, como en el cielo.

_____

_____

_____

_____

_____

ORACIÓN

Jesús, gracias por lo que estás haciendo en las vidas de Tus nuevas creaciones, conforme leen y aplican Tu verdad. Bendícelos con un gran sentido de tu presencia y un sentido de propósito conforme expresan Tu amor a los que los rodean. Dales valor para escuchar, para obedecer rápidamente y luego para esperar a que Tú hagas grandes cosas. Bendice sus vidas. ¡Recuérdales que Tú estás con ellos y que nunca los abandonarás! ¡En Tu nombre! ¡Amén!

Espero que lo que estás leyendo te está ayudando a entender tu vida como una nueva creación de Dios. Es probable que tengas preguntas, así que te animo a estar en contacto con uno de tus amigos cristianos, con alguien de tu grupo de la iglesia, o con uno de tus pastores, y que seguramente, todos estarán felices de ayudarte.

CAPÍTULO 5
COMPARTE LA VIDA EN TU NUEVA COMUNIDAD

Las familias son extrañas. ¿Alguna vez has estado en una reunión familiar donde realmente tú sentías que apenas conocías a alguien? ¿Has estado en una reunión en donde conocías a todos pero preferías que no fuera así? ¿Qué tal una en donde todos se conocían y se amaban—verrugas y todo—y realmente *querían* estar juntos?

Desearía que la mayoría de nuestras experiencias con la familia fueran como esta última.

FAMILIA
Un grupo de personas, compartiendo el mismo ADN,
que se conocen, se aman—verrugas y todo—
y quieren estar juntas.

Esto no es común debido al cáncer espiritual sobre el cual aprendiste antes. El pecado afecta todo, incluyendo las relaciones. Por eso algunas personas, y algunos miembros de la familia, son más fáciles de amar que otros.

Y, algunos simplemente son difíciles de amar en lo absoluto.

El hecho es que la única forma en que las personas pueden llevarse bien y realmente amarse, ya sea en familia o no, es convirtiéndose en una creación **completamente nueva** de Dios a través de Jesús. Cuando Él viene a vivir dentro de nosotros a través de su Espíritu Santo, Él comienza a amar *a través* de nosotros en formas que nunca nos podríamos haber imaginado.

> *El amor de Cristo nos obliga, porque estamos convencidos de que uno murió por todos...***para que los que viven ya no vivan para sí, sino para el que murió por ellos y fue resucitado.***
> II Corintios 5:14-15 NVI [énfasis añadido]

Cuando elegimos seguir a Jesús, Él nos da Su amor sobrenatural. Un amor perfecto. Uno que piensa lo mejor, perdona continuamente, pasa por alto las diferencias y da desinteresadamente. Créeme, conozco la diferencia entre mi amor imperfecto y el Suyo. Tú también lo harás.

> *Nosotros amamos porque Él nos amó primero.*
> I Juan 4:19 NVI

Quiero ser realmente transparente aquí y hablar sobre el elefante en la habitación. La mayoría de las personas con las que te encuentras todos los días piensan bien acerca de Jesús. Lo ven como un gran maestro, un pacificador, un modelo a seguir, alguien que ama a todos, pero la mayoría de las personas no piensan bien de los Cristianos o de la Iglesia en general. ¿Ha sido esa tu experiencia?

A menudo la gente piensa que *Cristiano* significa: Republicano, crítico, homofóbico e hipócrita. **Definitivamente no inclusivo.**

A menudo la *Iglesia* se considera como: un lugar sin vida, en donde personas sin vida hablan de cosas irrelevantes y luego se van a casa más insatisfechas que cuando vinieron.

Desafortunadamente, estas descripciones sí se aplican a *algunos* Cristianos y a *algunas* iglesias porque somos personas quebrantadas, parte de una comunidad imperfecta, en el proceso de estar siendo restaurados.

Cuando decidiste seguir a Jesús, fuiste adoptado automáticamente a ser parte de Su familia para siempre. Esta es una enorme familia de Cristianos, alrededor del mundo entero, llamada la Iglesia *global*. La congregación a la que tú puedes pertenecer en el lugar donde vives sería la Iglesia *local*. Todos ellos aman al mismo Jesús. Muchos, muchos de ellos están viviendo para Su Reino y no reflejan la descripción poco atractiva que di anteriormente. Aquí hay un par de descripciones que se aproximan más a lo que un Cristiano y la Iglesia deben ser:

> **Cristiano,** una persona que: (1) ha decidido confiar solamente en Jesús para su salvación y el liderazgo supremo de su vida, (2) consistentemente, y sin juzgar, expresa el amor y los propósitos de Dios a todos los que encuentra y (3) atrae e intriga a aquellos que están buscando a Dios o el propósito en sus vidas.

> **Iglesia:** Comenzaré con esta definición de Eldon Babcock
>
> *La Iglesia, en su esencia, es nada menos que gente pulsando con vida y que está **animada** por la presencia viviente de Jesús.*

La Iglesia es realmente el pueblo imperfecto de Dios que está siendo transformado por Él, y que está recibiendo poder para expresar Su amor entre ellos mismos y hacia los que están en camino a seguirlo. La forma en que la gente de Lifegate (la iglesia que dirijo en Omaha) expresa esto es:

Vivimos la vida juntos.

CAPÍTULO 5: COMPARTE LA VIDA EN TU NUEVA COMUNIDAD

Vivimos en relaciones auténticas y comprometidas donde podemos pertenecer y experimentar vida real en Jesús.

Espero que te hayas encontrado con un verdadero Cristiano. Supongo que alguien que amaba a Jesús jugó un papel para que llegaras a conocerlo a Él. También espero que hayas experimentado una iglesia que está animada por la presencia viva de Jesús. Si no, ¡Dios te está invitando a ser parte de una!

— TU FAMILIA COMO NUEVA CREACIÓN —

Te voy a dar algunas descripciones de lo que esta nueva familia, la Iglesia, es y hace. ¿Mi razón? Para ayudarte a ver qué tan importantes son otros seguidores de Jesús para tu crecimiento. No me malinterpretes; sé que algunos, si acaso unos pocos, hemos experimentado una familia perfecta. Pero quiero que sepas que la visión de Jesús para Su familia en la tierra, la cual te incluye a ti, es perfecta, y Él está comprometido a ayudarnos a experimentarla.

Una Familia Adoptada

Pero a todos los que creyeron en Él y lo recibieron, les dio el derecho de llegar a ser hijos de Dios.
Juan 1:12 NTV

> *Y ustedes no han recibido un espíritu que los esclavice al miedo. En cambio, recibieron el Espíritu de Dios cuando él los **adoptó** como sus propios hijos. Ahora lo llamamos "Abba,[Papá] Padre."*
> Romanos 8:15 NTV [énfasis añadido]

¿Recuerdas cuando eras niño y "escogían equipos"? Todos agrupados en el jardín de enfrente mientras que los "dos elegidos"—generalmente elegidos por sí mismos—decidían el destino de todos con el frío movimiento de un dedo.

No sé tú, pero para mí, esto era tenso. Sin saberlo, me sentía validado en mis habilidades futbolísticas y en mi valor como persona cuando alguien me elegía. Si no me elegían de inmediato, o en el peor de los casos, era elegido al final, me sentía como un perdedor a quien los chicos mejores tenían que soportar.

¿Puedes identificarte con esto, aunque sea un poco?

Ser adoptado a la familia de Dios en términos de hoy significa: ¡Dios te eligió y lo hizo en la primera ronda! ¿Por qué? Porque Él te ama y te quiere en Su equipo, en Su familia.

¡DIOS TE ELIGE A TI!

Aunque tu familia te hubiera dicho que fuiste un accidente, o te pasaron por alto para una promoción en el trabajo o tu cónyuge eligió estar con alguien más, Dios te elige a ti y te quiere para siempre.

CAPÍTULO 5: COMPARTE LA VIDA EN TU NUEVA COMUNIDAD

Cuando le dijiste "sí" a Jesús, ¡la adopción fue final! Le perteneces a Él, y estás en Su familia.

Una Familia Amorosa

> *Conocemos lo que es el amor verdadero, porque Jesús entregó su vida por nosotros. De manera que nosotros también tenemos que dar la vida por nuestros hermanos.*
> 1 Juan 3:16 NTV

> *Queridos amigos, sigamos **amándonos unos a otros**, porque el amor viene de Dios. Todo el que ama es un hijo de Dios y conoce a Dios.*
> 1 Juan 4:7 NTV [énfasis añadido]

Desearía que este espacio me permitiera contarte todas las formas en que mi familia y yo hemos sido amados por la familia de Dios. Cuando mi esposa luchó contra el cáncer de seno por segunda vez—lo que requirió otra ronda de quimioterapia, una doble mastectomía y numerosas cirugías difíciles—el pueblo de Dios se reunió para apoyarnos en todas las formas imaginables. Desde orar, a proporcionar comidas, a dar dinero, a ser una presencia reconfortante. El pueblo de Dios fue Su propio cuerpo. Sus manos, Su voz, Sus lágrimas, Su cuidado hacia nosotros.

¿Has experimentado el amor de la familia de Dios? Es desinteresado, generoso y sin ataduras.

En la iglesia Lifegate Church le decimos a la gente que ellos ya vienen "pre-amados." Me encanta esa pequeña frase. Significa que nuestro amor no es volátil, no baja o sube con la marea de nuestras emociones. En cambio, nuestro amor es una decisión firme de cuidar y servir a cada persona que Dios nos trae.

Le decimos a la gente: "Te amamos tal y como eres, y te amamos lo suficiente para ayudarte a crecer y convertirte en la persona que estás destinada a ser."

Me doy cuenta de que todo esto suena bien, pero ser una familia de Dios amorosa no sucede de la noche a la mañana, y definitivamente no sucede automáticamente.

Involucra un compromiso de amar y no rendirse. Significa que nos equivocamos y buscamos el perdón, y damos el perdón cuando otros hacen lo mismo. Y, con el tiempo, encontramos que estamos comenzando a amarnos verdaderamente los unos a los otros.

Una Familia Unida

Jesús oró por ti y por mí, justo antes que muriera en la cruz. Lo sé, esto puede ser difícil de creer, pero es cierto. Te podrá sorprender lo que oró y por qué lo hizo.

> *Pero no ruego solo por estos, sino también por los que han de creer en Mí por la palabra de ellos, para que* **todos sean uno**. *Como Tú, oh Padre, estás en*

> *Mí y Yo en Ti, que también ellos estén en Nosotros,
> para que el mundo crea que Tú me enviaste.*
> Juan 17:20–21 NBLA [énfasis añadido]

Llevarse bien con otros Cristianos es algo importante para Dios. De todas las cosas por las que Jesús podría haber orado antes de morir en la cruz, oró que su familia estuviera unida, con un solo corazón y mente. Jesús está orando específicamente por ti y por mí.

¿Sabes cuál es la queja número uno en contra de los Cristianos? Que no hacen lo que dicen que creen. Que son hipócritas.

¿Sabes cuál es la segunda queja? Que siempre se están peleando y que no se pueden llevar bien.

Con demasiada frecuencia, estas dos quejas son completamente acertadas. Pero no tiene que ser así. Cuando decidimos seguir a Jesús, Él nos toma de la mano y nos guía en una jornada. Esta jornada incluye una serie continua de decisiones, ya sea de vivir para Él, o de vivir para nosotros mismos. La gente del mundo nos juzga por nuestro historial de fracasos. No los culpo. Tiene sentido. Pero veo el cuadro completo y oro que tú también puedas verlo.

El mundo está esperando que los Cristianos se lleven bien, que dejen de competir, que se amen entre ellos más de lo que se aman a sí mismos. Las iglesias que dan vida en Omaha (en donde vivo) proporcionan un buen ejemplo de esto. Los líderes han decidido que las cosas en las que estamos todos de acuerdo son más importantes que los puntos teológicos en los que no estamos de acuerdo. Hemos decidido tomar en serio la oración de Jesús y ser parte activa de su respuesta. Ron Dotzler, quien fundó la red Abide Network en Omaha, lo dice mejor y lo dice una y otra vez:

Nosotros somos MEJORES JUNTOS.

Y está sucediendo. Las iglesias están trabajando juntas con la mentalidad de que no podemos ganar a menos que otras iglesias y Cristianos en nuestra región ganen. Nos damos cuenta de que nuestro mayor testimonio a un mundo herido—que Jesús está vivo—es la forma en que nos amamos y unimos nuestros corazones y energías juntas.

Esto cuesta trabajo. Esto requiere un compromiso de desear el camino de Jesús mucho más que el nuestro. San Agustín dijo algo hace cientos de años que regularmente me inspira cuando siento la tentación de enfocarme en cómo otros Cristianos, o iglesias en la familia de Dios, no son exactamente como yo. Él nos recuerda lo que realmente importa y cómo debemos responder a las áreas que no importan:

En lo esencial, UNIDAD
En lo no esencial LIBERTAD
En todas las cosas CARIDAD.

Otra forma de decir esto sería:

Manténgase unidos, como con pegamento "Gorilla," en las cosas que más importan. No se preocupen por las cosas que no importan, sino que otórguense gracia. Sobre todo, lo que creamos o no creamos, comprométanse a amar incondicionalmente y a no juzgar.

Ahora, aunque algo "no esencial" puede que no importe ultimadamente, hasta que alguien lo vea como algo no esencial, ellos lo defenderán o condenarán apasionadamente. ¿Qué quiero decir?

Tengo un tatuaje. Mucha gente tiene tatuajes. Mi tatuaje no es pequeño. Que tengas un tatuaje les molesta a algunas personas que aman a Jesús, y me lo hicieron saber por Facebook. ¿El resultado? Una división en las redes entre aquellos que ven el tema de los tatuajes como algo esencial y aquellos que lo ven como algo no esencial. Y a veces termina siendo una pelea verbal entre Cristianos, sin guantes, a través del Internet.

¿Todo por un tatuaje? Sí.

A lo largo de los siglos, la división ha sido en referencia a cubrirse la cabeza en la iglesia (yo sé, ¿de veras?), por usar instrumentos musicales para la adoración, hablar en lenguas, por permitir que las mujeres tengan funciones de liderazgo, usar maquillaje, ancianos que son solteros o muchachos con pelo largo. La gente se ha peleado por estos temas. Han terminado amistades por estos asuntos. Incluso se han matado verbalmente y a veces físicamente por estos asuntos _no esenciales_.

Yo sé, es difícil de creer. También es una buena razón para evitar la tentación de hacer que un punto de vista "no esencial" sea _EL_ punto de vista.

Como dice Gabe Lyons, que nos convirtamos en personas "que son conocidas por las cosas que apoyamos y no por las cosas a las que nos oponemos." Conforme esto sucede, aquellos que han tenido una mala impresión de los Cristianos y de la iglesia pueden verse intrigados con nuestras vidas de amor y así encontrarse dando pasos hacia una decisión para confiar y seguir a Jesús.

Hay otra razón para estar unidos: nuestra protección. Tenemos un enemigo ¿Recuerdas el Reino de las Tinieblas que discutimos? Ese está manejado por Satanás, el Diablo (Isaías 14:12; Lucas 10:18; Mateo 25:41). Él es en realidad un ángel caído que se rebeló contra Dios antes que el mundo fuera creado, y ahora encabeza a otros ángeles caídos llamados "demonios."

No escribo esto para asustarte, pero sí quiero que veas el cuadro completo.

Esto es lo que la Biblia dice que nuestro enemigo le está tratando de hacer a cada seguidor de Jesús:

¡Estén alerta! Cuídense de su gran enemigo, el diablo, porque anda al acecho como un león rugiente, buscando a quién devorar. Manténganse firmes contra él y sean fuertes en su fe. Recuerden que su familia de creyentes en todo el mundo también está pasando por el mismo sufrimiento.
1 Pedro 5:8-9 NTV

Los leones, lobos, hienas y otros predadores siempre están buscando comida. Cazan en grupos y estudian a los animales que persiguen. Es difícil para ellos atacar y derribar presas que están estrechamente unidas con su rebaño. Pero cuando un animal es o está joven, confundido, asustado o simplemente tonto, el predador lo elige específicamente para atacarlo y devorarlo. Nuestro enemigo, el Diablo, se asemeja a un león que ronda mirando a la familia de Dios para ver si hay algunos principiantes, algunos solitarios, algunos sin experiencia, débiles o que no estén siendo cuidados, algunos que estén ofendidos y que se hayan alejado de los demás. Él es paciente; es poderoso y la unidad es una de nuestras mayores defensas contra él.

Cuando somos una familia unida, las posibilidades de que el Diablo venza a cualquiera de nosotros son muy escasas. Que esto nos motive a mantenernos unidos y a amarnos unos a otros, sin importar nuestros dolores, heridas, opiniones o diferencias.

Si nadie te ha dicho esto, déjame ser uno de los primeros en darte la bienvenida a la familia de Dios. Si eres parte de la iglesia Lifegate Church, quiero que sepas que estamos comprometidos a amarte, invertir en tu caminata con Dios y permanecer contigo mientras experimentas las alegrías, pérdidas, victorias y decepciones de la vida. Estás en un lugar seguro ahora. Y si nos equivocamos—y lo haremos—nos esforzaremos por admitirlo rápidamente, buscaremos sinceramente tu perdón y luego seguiremos adelante juntos.

Una Familia Activa

La familia de la que Dios nos ha hecho parte, realmente HACE COSAS JUNTOS. Debido a que somos la expresión viviente del cuerpo de Cristo en el planeta Tierra, puedes anticipar que estamos haciendo todas las cosas que Jesús está haciendo.

Cosas como llevarle comida a las nuevas mamás de la iglesia o a un vecino que no puede salir de casa, o ir a un juego de pelota juntos, o cuidar a los refugiados en Serbia o Líbano o tener una fiesta de regalos para un bebé. El pueblo de Dios se mueve.

Así es como la Biblia describe a la primera Iglesia que se reunió después que Jesús ascendió al cielo:

> *Ellos estaban dedicados a aprender lo que los apóstoles enseñaban.* **Compartían lo que tenían, comían y oraban juntos. Todos sintieron un profundo asombro** *y los apóstoles hacían muchas maravillas y señales milagrosas. Todos los creyentes permanecían unidos y compartían sus bienes. Vendían lo que tenían y* **repartían el dinero entre los que estaban necesitados.** *Los creyentes, compartían el mismo propósito, cada día solían dedicar mucho tiempo en el área del templo y comían juntos en las casas. Compartían la comida con sencillez y alegría, alababan a Dios y todo el pueblo los estimaba mucho.* **Cada día el Señor añadía a la iglesia los que iban siendo salvos.**

Hechos 2:42–47 PDT [énfasis añadido]
Pero, los Cristianos no solo están activos entre sí; ese es solo el punto de partida. Dios nos ha llamado a estar involucrados en el bien común de las personas con las que vivimos en nuestra ciudad, nuestra nación y el mundo. Nos llama a ser gente que ayuda a sus vecinos y a las naciones, que está logrando una diferencia al apoyar lo que es justo y correcto y sirviendo sacrificadamente a los necesitados.

Esta es una de las razones por las que en Lifegate tratamos de alentar a cada persona a hacer un viaje cruzando líneas culturales y geográficas, ya sea en nuestra ciudad o a otras naciones. Hemos visto a Dios usar esto para unir nuestros corazones y mentes a medida que nos convertimos en personas con una misión "glocal" (global + local). Como cuando la gente de nuestra iglesia invirtió $107,000 dólares en sistemas de purificación de agua para niños birmanos refugiados en Tailandia, que todavía proporcionan agua limpia a miles diariamente. O nuestra participación y apoyo al centro para mujeres Assure Women's Center en Omaha, que desempeñó un papel clave en el rescate de más de 1,600 bebés antes de nacer, en 2016. O los equipos que mandamos a trabajar con refugiados afganos en Grecia o víctimas del terremoto en Turquía.

Somos la familia unida de Dios que está logrando una diferencia en el mundo.

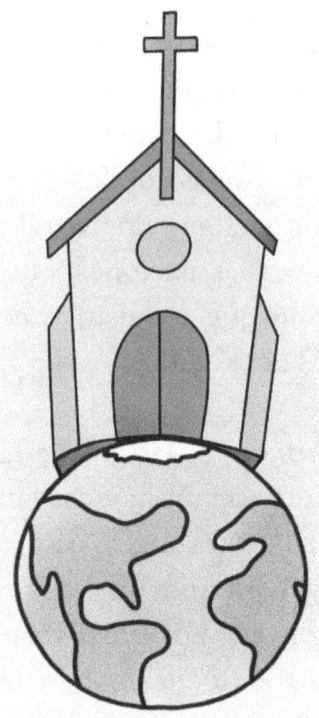

Una Familia Global y en Crecimiento

Los miembros de nuestra familia espiritual, seguidores de Jesús, se encuentran en todas las naciones del mundo. El propósito de Dios es que Su oferta de vida a través de Jesús, y Su Reino, lleguen a todas las personas, a todas las culturas, en todas las naciones. "Porque Dios amó tanto al mundo," en Juan 3:16 significa ¡gente en todas partes! La comisión final de Jesús para Sus seguidores fue global:

CAPÍTULO 5: COMPARTE LA VIDA EN TU NUEVA COMUNIDAD

Acercándose Jesús, les dijo: "Toda autoridad me ha sido dada en el cielo y en la tierra. Vayan, pues, y hagan discípulos de todas las naciones, bautizándolos en el nombre del Padre y del Hijo y del Espíritu Santo, enseñándoles a guardar todo lo que les he mandado; y ¡recuerden! Yo estoy con ustedes todos los días, hasta el fin del mundo."

Mateo 28:18–20 NBLA

Pero recibirán poder cuando el Espíritu Santo venga sobre ustedes; y serán Mis testigos en Jerusalén, en toda Judea y Samaria, y hasta los confines de la tierra.

Hechos 1:8 NBLA

Lo que Dios ha hecho en ti al perdonarte, adoptarte como Suyo y poner Su Espíritu dentro de ti, lo está haciendo en todo el planeta Tierra. Esta es la noticia que probablemente no estás viendo en la televisión o leyendo en línea.

¡Yo soy prueba viviente de este trabajo global! Le di mi vida a Jesús mientras vivía en la isla de Taiwán, todo porque un vecino quiso compartir cómo el conocer a Jesús transformó su vida.

A Dios le importa el mundo. Siempre estoy sorprendido por los numerosos ejemplos de su búsqueda sobrenatural de personas para que lo conozcan.

Escuché una historia de mi amigo, Ray Mayhew, de cómo Dios se está moviendo entre los refugiados en todo el mundo. En 2016, la iglesia Antioch Church, de Waco, Texas, envió 2,000 voluntarios para trabajar entre los diversos refugiados que huían hacia Europa. Dos de estos voluntarios se encontraban en un barco ferry que transportaba a unos 500 refugiados desde la isla de Lesbos a través del mar Egeo hasta Grecia. Comenzaron una conversación con uno de los pasajeros sirios que huía para salvar su vida. Eventualmente, el hombre le preguntó por qué los dos voluntarios estaban allí. Ellos le explicaron que eran seguidores de Jesús, el cual los había enviado para mostrar Su cuidado y compasión hacia los refugiados.

El hombre dijo que había escuchado un poco sobre Jesús e incluso había leído un poco en el Injil (la palabra musulmana para la Biblia). Sin embargo, él estaba profundamente preocupado por algo. Todas las noches, durante las últimas 90 noches, lo había visitado una figura brillante cuya cara era tan luminosa que ni siquiera podía ver sus rasgos. "¿Saben quién es?" les preguntó a los dos voluntarios.

Lo llevaron a un lado, donde podían tener un poco de privacidad, y abrieron la Biblia en el libro de Daniel, Capítulo 7:

> *Su ropa era blanca como la nieve, su cabello se parecía a la lana más pura. Se sentó sobre un trono ardiente con ruedas en llamas; y un río de fuego brotaba de su presencia. Millones de ángeles le atendían; muchos*

CAPÍTULO 5: COMPARTE LA VIDA EN TU NUEVA COMUNIDAD

millones se pusieron de pie para servirle.
Daniel 7:9–10 NTV

Cuando le leyeron esta descripción, el hombre sirio exclamó: "¡Ese es Él! ¿Quién es?" Después de explicarle que era Jesús quien se le apareció, el hombre decidió poner su fe sólo en Cristo y le pidió a Él que se convirtiera en el Señor de su vida.

¡Noventa noches seguidas! ¡Dios se preocupó lo suficiente por este refugiado que Él se le apareció 90 noches seguidas y luego envió a dos voluntarios, desde Texas, para explicárselo! ¡Qué tan asombroso es eso!

Tú y yo somos parte de una familia adoptiva, una familia amorosa, una familia unida, una familia global y una familia en crecimiento. Permíteme agregar, es una familia imperfecta. Todos estamos en diferentes lugares en nuestra fe y crecimiento. Esto requiere una gran cantidad de amor, perdón y gracia de unos a otros, si hemos de convertirnos en la expresión del amor y la presencia de Dios en la Tierra.

> *No finjan amar; amen de veras. Aborrezcan lo malo; pónganse de parte del bien. Ámense con cariño de hermanos y deléitense en el respeto mutuo. No sean perezosos; sirvan al Señor con el entusiasmo que da el Espíritu. Regocíjense en la esperanza, tengan paciencia si sufren y nunca dejen de orar. Cuando vean a algún hermano en necesidad, corran a ayudarlo. Y*

fórmense el hábito de ofrecer alojamiento a los que lo necesiten. Si alguien los persigue, no lo maldigan; al contrario, bendíganlo. Si alguien se alegra, alégrense con él; si alguien está triste, acompáñenlo en su tristeza. Vivan en armonía unos con otros. No sean arrogantes, sino traten como iguales a la gente humilde ¡y no se hagan como que lo saben todo!
Romanos 12:9–16 NBV

Me encanta este pasaje y espero que te inspire a comprometerte a ser un verdadero cristiano que ama a Dios y ama a los demás. Aparte, es mi oración que seas parte de una iglesia local dedicada a Jesús, llena de amor entre los congregantes y haciendo una diferencia en el mundo.

PRACTICANDO LO APRENDIDO

Un hombre le dijo una vez a su amigo: "¡No dejaré de buscar hasta encontrar la iglesia perfecta!" A lo que su amigo respondió: "Sí, pero si empiezas a asistir a ella, ya no será perfecta."

Sé que la mayoría de ustedes han sido lastimados por cristianos y por la "Iglesia." Si alguna vez esperas experimentar el plan de Dios para ti, como una parte vital de Su Iglesia global, normalmente requiere el perdón de los malos ejemplos que has encontrado. Puede haber sido un amigo de secundaria que trató de obligarte a creer en Jesús a la fuerza y te decía continuamente que te ibas a ir al infierno. Puede haber sido que se descubrió que el sacerdote de tu parroquia o un líder juvenil estaba involucrado inmoralmente con un feligrés. Podría ser que la iglesia a la que antes asistías te dejó claro que estabas mal vestido y con demasiados tatuajes.

La lista podría ser larga o corta.

El deseo de Dios es que ninguna persona o institución nos impida seguirlo a Él. Cuando perdonamos a alguien, no estamos diciendo: "Lo que hicieron, o no hicieron, está bien." En cambio, estamos diciendo: "Lo que hicieron estuvo mal, pero elijo ya no tener una ofensa en contra de ellos. Los perdono y se los entrego a Dios."

Esa es una tarea difícil, lo sé.

Antes de continuar, quiero pedirte perdón.

¿Qué?

Lo leíste bien.

Como un cristiano y un pastor, quiero pedirte que _me_ perdones por las cosas que otros seguidores de Jesús te han dicho, por lo que hayan dicho acerca de ti, por lo que han hecho contra ti o por lo que no hicieron por ti (Todas las cosas que no reflejaban al Jesús que afirmaban seguir). Ellos estaban mal, y de parte de ellos, te digo: "Yo estuve mal porque yo también soy un seguidor imperfecto de Jesús."

¿Me perdonas?

> *Por el contrario, sean amables unos con otros, sean de buen corazón, y **perdónense unos a otros**, tal como Dios los ha perdonado a ustedes por medio de Cristo.*
> Efesios 4:32 NTV [énfasis añadido]

¿Qué nos motiva a perdonar? Ten en cuenta las palabras anteriores: _tal como Dios_ los ha perdonado a ustedes _por_ *medio de Cristo*. El perdón es un regalo sobrenatural de Dios. Cuando operamos con fe, Él nos ayudará a elegir el perdón.

Sé que este es un proceso doloroso; tuve que pasar por eso yo mismo. Para ayudarte a tomar pasos aún más específicos, te he proporcionado un espacio para que registres tu perdón hacia mí, ya que represento a los que te han lastimado.

¿Estás listo para tratar? Mientras escribo esto, estoy orando que Dios revele lo cerca que está en este momento cuando consideras este paso. No te sorprendas si tu mente está inundada de rostros de personas o situaciones en las que no has pensado en años. Ese es el Espíritu Santo trayéndolos a tu memoria para que, a través de tu acto de perdón, puedas comenzar a sanarte por dentro, y también liberarte del daño que te hicieron a ti o a tu familia.

Puede que hasta estés leyendo esto entre lágrimas. Yo lloro contigo. Nosotros, los Cristianos y la Iglesia, nos hemos fallado unos a otros tantas veces. En la próxima página hay una oración para que declares tu perdón.

Comienza enumerando individualmente a Cristianos, líderes o iglesias que te han herido.

Nombres de personas, líderes o iglesias:

_____

_____

_____

_____

_____

_____

Ahora, recita esta oración e inserta la lista de arriba en los espacios apropiados de la oración.

ORACIÓN

Querido Dios,

Gracias por guiarme a leer este libro para poder perdonar a quienes me han herido tan profundamente. Escojo perdonar como un acto de obediencia hacia ti y un compromiso con mi nueva familia espiritual.

También quiero confesar mis profundos dolores, decepciones, heridas y ofensas causadas por los que he enumerado anteriormente.

Escojo hoy, como un acto de mi obediencia a tu Palabra, perdonar a cada uno y entregártelos a Ti.

Yo perdono a _____

por _____

y te pido que sanes mi corazón, mi memoria y mi vida. Por favor libérame de su ofensa al yo dejarla ir.

También te confieso mi falta de perdón y te pido Tu constante misericordia y perdón. Gracias por escuchar mi oración.

En el nombre de Jesús. ¡Amén! (¡Que así sea!)

Ahora, déjame orar por ti:

Jesus,

*Gracias por estar aquí con mi hermana o hermano
mientras ora esta poderosa oración de perdón.*

Comienza un milagro de libertad y sanación en sus vidas.

*Muéstrales cómo vivir un estilo de vida de perdón
como el que nos modelaste en Tu vida y muerte sacrificial.*

*Te pido que los ayudes a ser verdaderos, amorosos,
sin prejuicio y fieles seguidores tuyos.*

*También te pido que Tú los coloques en una iglesia
donde pertenezcan, sean amados y necesarios
como valiosos miembros de esa comunidad.*

*Gracias por su valiente obediencia.
Oro bendición y fuerza y paz en sus vidas.*

¡En el poderoso nombre de Jesús! ¡Amén!

¡Uf! Eso fue poderoso. Estoy seguro de que estás sintiendo Su presencia y paz mientras lees y oras.

Cada una de las secciones de *Practicando lo Aprendido* te deja practicar en tiempo real las áreas que realizarás como seguidor de Cristo. ¡Con cada paso, estás creciendo como una creación **completamente nueva** de Dios! Estoy orgulloso de ti. Sé que Él también está orgulloso de ti.

Al concluir esta sección sobre la importancia de compartir la vida en comunidad, quiero alentarte a que te conectes con aquellos en tu iglesia que caminarán contigo durante el proceso que has comenzado. El perdón es de hecho un proceso. Perdonamos, y cuando recordamos el dolor, perdonamos una y otra vez hasta que podamos bendecir a quienes nos lastimaron. En Lifegate, y en muchas iglesias que dan vida, tenemos equipos de ministerio en cada campus que están disponibles los fines de semana al final de cada servicio. Ellos te ayudarán a realizar tu decisión de perdonar y también te sugerirán otros pasos hacia la entereza y sanación.

TU IMPACTO

CAPÍTULO 6
MUESTRA Y COMPARTE

Como alguien que está experimentado una **vida completamente nueva**, probablemente has notado que quieres contarle a todos lo que Dios ha hecho por ti. Esto es porque tienes las mejores noticias del mundo: Las personas pueden tener una verdadera relación con Dios confiando y encomendándole todo a Jesús como su Salvador y Señor.

Algunos vacilan en compartir, por miedo a no tener las palabras o los métodos correctos. Quiero alentarte a que te relajes y busques oportunidades para contar lo que Jesús ha hecho por ti. Y cuando el Espíritu te guíe, pregúntale a alguien si también quiere confiar en Jesús.

Estas pensando, ¡esto no puede ser tan simple! Lo es.

Observa lo que Jesús le dice a un hombre después de otorgarle el perdón, la salvación y la libertad. El hombre quería desesperadamente acompañar a Jesús y a sus discípulos, pero en vez, Jesús dijo:

> *"Vete a tu casa, a los tuyos, y cuéntales cuán grandes cosas el Señor ha hecho por ti y cómo tuvo misericordia de ti."*
> Marcos 5:19 NBLA

El Espíritu de Jesús vive en cada uno de nosotros para guiarnos y darnos sabiduría y valor para poder decirles a todos cuánto ha hecho Él por nosotros. Así que, cuando estás compartiendo con alguien, nunca estás solo.

Cuando estaba en quinto grado, vivía en Monterey, California, con mi familia. Yo era—y sigo siendo—un chico que disfruta el aire libre. Me encantaba atrapar cosas. En las colinas boscosas de mi alrededor, buscaba debajo de troncos húmedos y cubiertos de musgo y conseguía pequeñas salamandras y cosas.

Un día en particular, atrapé algo enorme: un lagarto arbóreo. A diferencia de las muchas otras cosas que había atrapado, ¡me mordió! Quiero decir, me mordió _fuerte_. Si lo hubiera dejado colgarse de mi pulgar y sacudir su cuerpo, me hubiera sacado sangre.

Estaba tan orgulloso de mi lagarto arbóreo que quería que todos lo vieran. Se lo mostré a mis hermanos una y otra vez. Se lo mostré a mis padres hasta que se cansaron de él. Luego llegó la

CAPÍTULO 6: MUESTRA Y COMPARTE

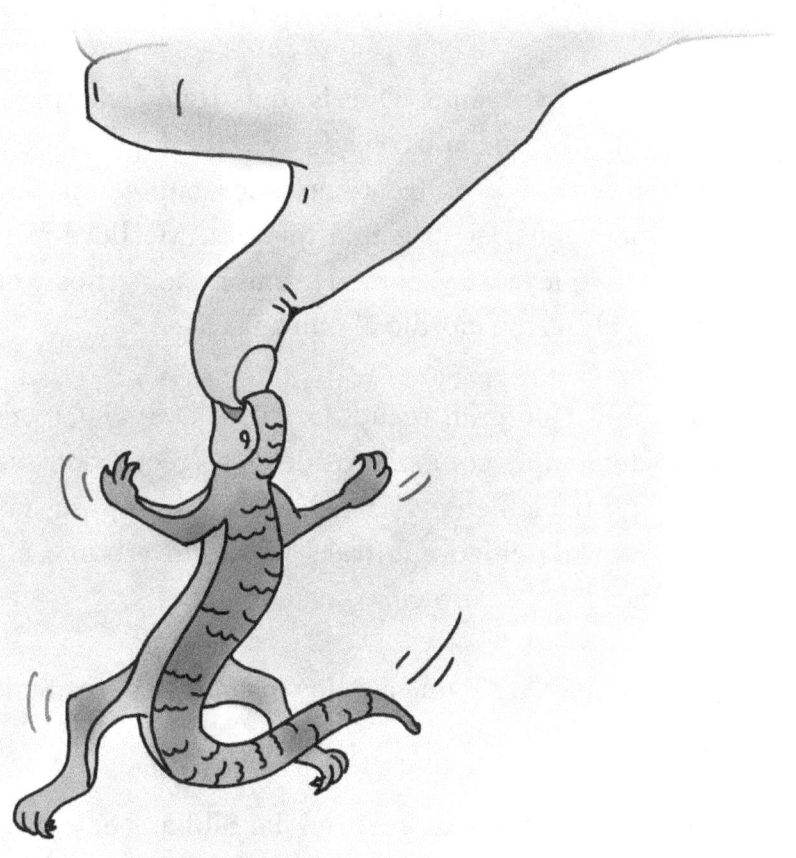

semana de "muestra y comparte" en la escuela, y supe que era mi momento de brillar. (Yo sé, ¿*qué no el quinto grado ya es un poco avanzado para la actividad de "muestra y comparte"*? Para aclarar, no se llamaba así, pero básicamente era lo mismo.)

Estaba contentísimo. Quería que todos vieran la increíble criatura que había atrapado, y decidí hasta dejar que me mordiera el dedo en frente de todos, aunque me sacara sangre, solo para mostrar lo genial que era. Me llevé al lagarto a la escuela; lo levanté y, para el asombro, los gritos y el deleite de toda la clase, me mordió el pulgar.

¡Ahhhhh! Qué gran recuerdo. Todos ya somos adultos, pero creo que si mis compañeros de clase recuerdan ese momento, ellos probablemente recuerdan el compromiso, la valentía, y la locura del chico que trajo al lagarto arbóreo a "muestra y comparte"—y se ofreció como comida.

¿Sabías que Dios llama a todos los que siguen a Su hijo Jesús a *mostrar y compartir*?

No encontrarás esa frase en la Biblia, pero encontrarás la palabra *bautismo*. Bautizar básicamente significa "sumergir" algo completamente debajo del agua y sacarlo de nuevo.

En el tiempo de Jesús, este acto se hacía en público para declarar que alguien había "dejado" su vida (permitiendo que otra persona los sumergiera bajo el agua) y había resucitado a una nueva vida a través de la resurrección de Jesús (cuando la persona los volvía a sacar del agua).

El bautismo es como Dios quiere que "mostremos y compartamos" públicamente que hemos dejado nuestras vidas y ahora vivimos para amarlo y seguirlo.

Voy a compartir algunos pasajes de la Biblia donde Dios nos está ordenando ser bautizados, y luego explicaré la increíble lección práctica que Él diseñó en el bautizo. Tómate tu tiempo leyendo los versículos. Y si quieres, puedes hasta ver el pasaje en tu Biblia o en tu "app," y leer la historia que rodea los versículos para ayudarte a comprenderla aún más.

> *Cuando todas las personas estaban siendo **bautizadas**, Jesús también fue bautizado. Y mientras oraba, el cielo se abrió y el Espíritu Santo descendió sobre él en forma corporal como una paloma. Y una voz vino del cielo: "Tú eres mi Hijo amado; estoy muy complacido contigo."*
> Lucas 3:21-22 NVI [énfasis añadido]

> *Jesús, sin inmutarse, siguió adelante y dio su cargo: "Se me ha dado toda autoridad en el cielo y en la tierra. Por lo tanto, vayan y hagan discípulos de todas las naciones, **bautizándolos** en el nombre del Padre y del Hijo y del Espíritu Santo. Enseñen a los nuevos discípulos a obedecer todos los mandatos*

que les he dado. Y tengan por seguro esto: que estoy con ustedes siempre, hasta el fin de los tiempos.
Mateo 28:18-20 NTV [énfasis añadido]

*Quien crea y sea **bautizado** será salvo. Pero aquellos que no creen serán juzgados culpables.*
Marcos 16:16 NVI [énfasis añadido]

*"Arrepiéntase y **bautícese** cada uno de ustedes en el nombre de Jesucristo para perdón de sus pecados —les contestó Pedro—, y recibirán el don del Espíritu Santo.*
Hechos 2:38 NVI [énfasis añadido]

*Pues ustedes fueron sepultados con Cristo cuando se **bautizaron**. Y con él también fueron resucitados para vivir una vida nueva, debido a que confiaron en el gran poder de Dios, quien levantó a Cristo de los muertos.*
Colosenses 2:12 NTV [énfasis añadido]

Estas son sólo unas de las pocas veces en la Biblia que se nos llama a creer (confiar completamente en Jesús) y luego a demostrarlo al ser bautizados.

Dijimos anteriormente que el bautismo era el llamado de Dios para que cada creyente "mostrara y compartiera" su compromiso públicamente. Permíteme contestar algunas preguntas que puedas tener para ayudarte a comprender mejor este antiguo e importante acto de obediencia.

1. **¿Una persona tiene que ser bautizada para conocer la salvación de Dios e ir al cielo?**
   No. Al igual que ponerse un anillo de bodas no hace que la persona esté casada, el bautismo no salva a una persona. Pero en nuestra cultura, nos ponemos un anillo de bodas para mostrarle a todos que *estamos con alguien de por vida*, y el bautismo es el testimonio a todos que hemos elegido a Jesús y que viviremos solo para Él. El bautismo es una muestra externa de un compromiso y cambio interno.

2. **Si yo ya fui bautizado de bebé, ¿tengo que hacerlo nuevamente?**
   Sí, y he aquí por qué lo creo. En la Biblia, el bautismo siempre es una decisión de una persona que le ha confiado su vida a Jesús. Nunca es algo que alguien más haya decidido por ellos. Sé que esto puede ser difícil de entender, especialmente si has sido criado en una tradición en la que toda la familia se reúne, el bebé está vestido bellamente, el pastor o el sacerdote vierte agua sobre su cabeza, etc. No estoy menospreciando nada de esto, pero quiero hacer lo que la Biblia nos dice que hagamos: Creer y luego *elegir* ser bautizado.

3. **Pensé que le había entregado todas las llaves a Jesús cuando estaba en la preparatoria e incluso me bauticé. Pero luego seguí viviendo a mi manera y no le había dado a Jesús el control total de mi vida. Finalmente lo he hecho, y sé que soy su nueva**

creación. **¿Debo ser bautizado nuevamente?**
Si. Yo animo a cualquier persona que sabe que Jesús lo ha salvado del castigo de su cáncer espiritual, y que ha decidido seguirlo y obedecerlo, que sea bautizado en ese momento <u>de una vez por todas</u>.

4. **Mi familia está teniendo un verdadero problema con que me bautice en mi iglesia porque ellos son de una tradición diferente. ¿Debo esperar hasta que estén convencidos?**
No. La razón por la cual somos bautizados es para obedecer a Dios, y para testificar a los demás que haremos lo que Él diga. En realidad, Jesús nos llamó a estar dispuestos a dejar las tradiciones y los deseos de nuestra familia para ser parte de Su familia (Lucas 14:26). Esto puede que te sorprenda, pero muchas veces Dios usa este valiente acto de obediencia para realmente crear curiosidad en nuestra familia y amigos. Una curiosidad que usa para acercarlos a una verdadera experiencia de fe en Jesús. Y por cierto, esto no es un bautizo de parte de una iglesia o denominación en particular, sino en el nombre del Padre, del Hijo y del Espíritu Santo.

5. **Si he puesto mi completa confianza solamente en Jesús para mi perdón y salvación, pero caí en un pecado, y ahora lo he abandonado (estoy arrepentido) y estoy obedeciendo a Jesús**

CAPÍTULO 6: MUESTRA Y COMPARTE

nuevamente, ¿necesito ser bautizado nuevamente? (En otras palabras, si me equivoco fuertemente y luego le pido perdón a Dios, ¿necesito ser bautizado cada vez?)

No, y he aquí por qué. Una cosa es creer que te has rendido a Jesús y que no experimentaste ningún cambio porque no le habías entregado todas tus llaves (ver # 3), y otra cosa es haberle entregado todas estas y luego haber permitido un pecado en tu vida. Cuando nos lastimamos, mi esposa y yo no salimos a comprar otro anillo de bodas para disculparnos. El anillo es el testimonio de que estamos comprometidos el uno al otro, y cuando cometemos un grave error, arreglamos las cosas y continuamos hacia adelante en amor— además, no hay suficientes tarjetas de crédito en el mundo para pagar todo *ese* metal precioso. Nuestra elección inicial de encomendarle todo a Jesús continúa con las decisiones diarias de seguirlo a Él. El bautismo es el testimonio, la declaración de la elección inicial.

6. **Mi problema es tenerle miedo al agua. Me aterroriza. ¿Esto significa que nunca puedo ser bautizado?**
No. En nuestra iglesia Lifegate, primero querríamos saber por qué tienes ese miedo, para ayudarte a superarlo y ser sanado. Sin embargo, no dejaríamos que eso te impida ser bautizado. En lugar de meterte bajo el agua, verteríamos agua cuidadosamente sobre tu cabeza y hombros.

Espero que estas respuestas te ayuden. Si no contesté alguna pregunta que todavía tienes, pregúntale a uno de los líderes de tu iglesia y ellos te ayudarán a encontrar la respuesta.

— POR QUÉ DIOS ELIGIÓ LA ACCIÓN DEL BAUTISMO —

Puede que seas como muchas personas y te preguntes, "¿Qué tanto importa permitir que alguien más te sumerja bajo el agua?"

Espero que esto te ayude a entender. Dios es un buen maestro. Él sabe que debemos ir más allá de solo decir que estamos comprometidos y _mostrar_ que estamos comprometidos. El bautismo es una de las primeras y más sencillas cosas que podemos "hacer" y solo requiere que encontremos un poco de agua. También es un maestro que da excelentes lecciones prácticas utilizando situaciones y objetos del diario (pájaros, flores, pan, vino).

La palabra en Griego (el lenguaje en el que está escrito el Nuevo Testamento) para bautismo es "baptizo" y era un término que la gente usaba en los tiempos de Jesús para describir el sumergir o hundir algo completamente debajo del agua. También era un término usado comúnmente por aquellos que teñían ropa. Tomaban una sección de tela y la sumergían completamente (bautizar) en un tanque que contenía tinta para que, cuando saliera, la tela entera tuviera un color diferente.

CAPÍTULO 6: MUESTRA Y COMPARTE

Nosotros sumergimos totalmente cuando bautizamos. Esta es una expresión de la lección práctica en la que alguien está completamente cubierto y completamente cambiado, así como la tela que se tiñó.

Pero, el tanque de agua, la inmersión y el salir del agua tienen aún más significado. Aquí hay varias cosas que una persona está experimentando, por fe, cuando es bautizada.

El agua representa nuestra muerte y entierro.

Yo sé, eso suena medio feo, pero déjame explicar. En los países civilizados, cuando una persona muere, la enterramos. Cuando tú y yo elegimos seguir a Jesús, hemos decidido morir a nuestra propia voluntad, morir a nosotros mismos y seguirlo a Él. Así como Él dio su vida por nosotros, nosotros dejamos nuestras vidas por fe para seguirlo a Él.

> *Cuando fuimos bautizados, también fuimos enterrados con Cristo y así compartimos su muerte para que así como Cristo resucitó por el gran poder del Padre, nosotros también andemos de acuerdo a la nueva vida.*
> Romanos 6:4 PDT

El agua representa nuestra purificación total.

Cuando las personas se bañan, normalmente es porque quieren limpiar sus cuerpos enteros. Cuando elegimos a Jesús, no le pedimos que limpie solo la mitad de nuestros pecados, o el 80%, sino todos ellos. Estar completamente sumergidos bajo el agua muestra que, así como el agua limpia todo nuestro cuerpo físico, la sangre de Jesús ha limpiado todo nuestro cuerpo espiritual.

*Pero si andamos en la luz, como Él está en la luz, tenemos comunión los unos con los otros, y la sangre de Jesús su Hijo nos limpia de **todo** pecado.*
1 Juan 1:7 NBLA [énfasis añadido]

El agua representa nuestra resurrección a una nueva vida.

La gente que se ha convertido en una creación **completamente nueva** en Dios ahora vive por el Espíritu de Dios–Su poder. La Biblia lo llama "el poder de la resurrección" porque es el poder que Dios usó para derrotar a la tumba y resucitar a Jesús de entre los muertos.

Cuando te sacan del agua, estás declarándole a todos que la vieja persona, la egocéntrica, está muerta y que tu nueva persona está viva en Jesús. Así como Jesús resucitó de la tumba, tú estás demostrando la realidad que también has sido resucitado espiritualmente de la muerte.

> *En efecto, si hemos estado unidos con él en su muerte, sin duda también estaremos **unidos con él en su resurrección**. Sabemos que nuestra vieja naturaleza fue crucificada con él para que nuestro cuerpo pecaminoso perdiera su poder, de modo que ya no siguiéramos siendo esclavos del pecado.*
> Romanos 6:5-6 NVI [énfasis añadido]

> *Mi antiguo yo ha sido crucificado con Cristo. **Ya no vivo yo**, sino que Cristo vive en mí. Así que vivo en este cuerpo terrenal confiando en el Hijo de Dios, quien me amó y se entregó a sí mismo por mí.*
> Gálatas 2:20-21 NTV [énfasis añadido]

> *También pido en oración que entiendan la increíble grandeza del poder de Dios para nosotros, los que*

> creemos en él. Es **el mismo gran poder** que levantó a Cristo de los muertos. . .
> Efesios 1:19-20 NTV [énfasis añadido]

¿Estás comenzando a ver qué tan poderoso es nuestro simple acto del bautismo?

Tantas realidades profundas son expresadas cuando escogemos obedecer a Jesús y seguir Su ejemplo al declarar al mundo:

> *¡Jesús es ahora el Señor de mi vida! ¡He muerto a mí mismo, estoy limpio de todos mis pecados por Su sangre, lo amaré y viviré para Él de ahora en adelante!*

Por cierto, la persona que te bautiza te dará la oportunidad de expresar tu alianza a Jesús cuando seas bautizado al declarar "¡Jesús es el Señor de Mi Vida!" Hacemos esto porque la Biblia nos anima a que "hagamos pública" nuestra fe.

Pablo describe este acto en su carta a los Romanos:

> *Si declaras abiertamente que Jesús es el Señor y crees en tu corazón que Dios lo levantó de los muertos, serás salvo. Pues es por creer en tu corazón que eres declarado justo a los ojos de Dios y es por declarar abiertamente tu fe que eres salvo.*
> Romanos 10:9-10 NTV

Déjame hacerte algunas preguntas.

- ¿Ves por qué Dios quiere que todos seamos bautizados?
- ¿Estás comenzando a ver la clase de realidades que declaras cuando te bautizas?
- ¿Has escogido morir al "tú" de antes y, a través de Jesús, llegar a ser el "tú" nuevo?
- ¿Has elegido a Jesús como el Señor, el líder de tu vida?
- ¿Has sido bautizado?
- ¿Hay alguna razón por la cual debas esperar?

PRACTICANDO LO APRENDIDO
El acto del bautismo diseñado por Dios para "mostrar y compartir" no es solo una expresión de todas las cosas que hemos hablado, es también un _momento que te define_, un rito de iniciación, por así decir. Y Dios está ahí para hacer algo sobrenatural en ti conforme lo obedeces.

A través de los años, he tomado parte en los bautizos de miles de personas, y muchas cosas suceden cuando la gente se bautiza. Algunos son liberados de ciertos pecados que aún se aferraban a ellos. Otros son sanados de heridas físicas o emocionales. Algunos que habían sido atrapados por la oscuridad espiritual son liberados, y finalmente, la alegría, paz y confianza brotan en los corazones de quienes obedecen de esta manera.

Espero que este capítulo te haya inspirado a seguir a Jesús en el agua del bautizo, una expresión para hacer público tu amor y compromiso hacia Él. Ya sea que seas parte de la iglesia Lifegate o de otra congregación, estoy seguro de que podrás encontrar información acerca de las preparaciones para el bautismo y otros eventos en la página web de la iglesia. ¿Por qué no tomas un momento para buscar y apuntarte ahora mismo?

Siempre estamos muy ocupados, lo sé. Este acto de obediencia es tan poderoso que querrás hacerlo tan pronto te sea posible. ¡Es tiempo de *mostrar y compartir*!

Una vez que te hayas bautizado, por qué no regresas a este capítulo y escribes la fecha y lo que experimentaste?

Fecha del Bautizo/Lugar:

_____

_____

MI EXPERIENCIA DE BAUTIZO

CAPÍTULO 6: MUESTRA Y COMPARTE

CAPÍTULO 7
VIVIENDO LLENO DE PODER

Puede que a estas alturas del libro estés pensando: *yo no sabía que convertirse en una creación* **completamente nueva** *fuera tan asombroso y a la vez tan complejo*. El conocer a Dios es una relación, y ¡las relaciones son maravillosamente complejas!

La verdad es que seguir a Dios requiere aprender a vivir en una realidad totalmente diferente. Una realidad eterna y sobrenatural. De hecho, la Biblia ciertamente nos dice que el reino del espíritu es duradero y _real_ y que la esfera natural es temporal. Desafortunadamente, demasiadas personas se enfocan en lo temporal y encuentran que eso no satisface sus deseos más profundos. Esto es porque somos seres eternos.

> *Así que no nos fijamos en lo visible, sino en lo invisible, ya que lo que se ve es pasajero, mientras que lo que no se ve es eterno.*
> II Corintios 4:18 NVI

> *[Jesús dijo] Ni dirán: "¡Miren, aquí está!" o "¡Allí está!" Porque, el reino de Dios está entre ustedes.*
> Lucas 17:21 NBLA

Aunque aún estamos en este mundo físico, también somos parte de un mundo sobrenatural y espiritual. Nuestro gozo y nuestra tarea como seguidores de Jesús es de darle la bienvenida a su salvación sobrenatural, su amor, liberación, sanación, presencia y poder al mundo en que vivimos.

El apóstol Pablo da una descripción formidable de los dos mundos que forman nuestra nueva realidad. Aquí, él habla acerca de nuestra habilidad de resistir las tácticas del diablo:

> *Sí, es cierto, vivimos en este mundo, pero nunca actuamos como el mundo para ganar nuestras batallas. Para destruir las fortalezas del mal, no empleamos armas humanas, sino las armas del poder de Dios. Así podemos destruir la altivez de cualquier argumento y cualquier muralla que pretenda interponerse para que el hombre conozca a Dios. De esa manera, hacemos que todo tipo de pensamiento se someta para que obedezca a Cristo.*
> II Corintios 10:3-5 NBV

Si esto suena sobrehumano, es porque es sobrenatural.

CAPÍTULO 7: VIVIENDO LLENO DE PODER

¿Tienes un superhéroe favorito?

Yo tengo varios. Tengo que aclarar algo desde un principio, antes de continuar con el ejemplo del superhéroe. Es esto:

Los superhéroes no son reales.
Son ficticios.

Yo sé, queremos que sean reales, pero no lo son.

El Hombre de Hierro (Iron Man) es uno de mis favoritos. No Tony Stark, el personaje principal enfocado en sí mismo y egocéntrico, sino el Hombre de Hierro, el superhéroe que lucha con poder sobrehumano contra las fuerzas del mal. Si no has visto las películas, aquí está la muy corta versión de cómo llegó a existir el Hombre de Hierro.

Una explosión manda metralla al corazón de Tony, amenazando matarlo conforme va penetrando más profundamente. Una cirugía era imposible. No había esperanza. Iba a morir.

A menos que de alguna manera su corazón pudiera ser protegido.

Entra a la escena el *reactor de arco*, un implante nuclear puesto quirúrgicamente en medio de su pecho para detener el viaje interno de la metralla. Le salvó la vida; en realidad, le cambió la vida.

Fue como si hubiera tenido una experiencia de "volver a nacer," una forma nueva de ver lo que importaba en la vida. ¿El resultado? Construyó un traje fantástico de hierro que cabía sobre cada parte de su cuerpo. Este traje obtenía su poder del mismo *reactor de arco* que llevaba dentro de él.

¡He aquí, el Hombre de Hierro! Campeón del bien en contra de las fuerzas del mal. Ahora era un superhéroe con superpoderes.

Esta es una descripción de lo que Dios dijo que iba a hacer en, y por, cada persona infectada con cáncer espiritual. Ve si esto suena de alguna manera como el Hombre de Hierro:

> *Entonces derramaré agua pura sobre ustedes y serán limpios de todas sus impurezas. Les daré un corazón nuevo y les infundiré un nuevo espíritu. Les quitaré ese corazón de piedra y pondré uno de carne. Pondré mi Espíritu en ti. Lo haré para que vivas por mis leyes y para que obedezcas mis reglamentos.*
> Ezequiel 36:25-27 PDT

¿Sorprendido? Hace miles de años Dios prometió enviar a Jesús y reemplazar nuestro corazón mortal con un corazón **completamente nuevo**, limpio, poderoso y eterno. Pero, a diferencia de la historieta del Hombre de Hierro, esta historia es verdadera.

Muchos leyendo esto en verdad están experimentando un corazón nuevo, el corazón de Jesús dentro de ustedes.

Así es como el Nuevo Testamento describe esta transferencia:

> *Entonces Cristo habitará en el corazón de ustedes a medida que confíen en él. Echarán raíces profundas en el amor de Dios, y ellas los mantendrán fuertes.*
> Efesios 3:17 NTV

Ahora, sigamos juntos. Dios puso su corazón sobrenatural dentro de nosotros cuando confiamos en Su Hijo. Recuerda, anteriormente aprendimos que Jesús promete el Espíritu—Dios viviendo en nosotros y a través de nosotros:

> *...y debido a que somos sus hijos, Dios envió al Espíritu de su Hijo a nuestro corazón, el cual nos impulsa a exclamar "Abba, Padre." Ahora ya no eres un esclavo sino un hijo de Dios...*
> Gálatas 4:6-7 NTV

Pero, Dios tiene más planeado para nosotros. Él pone su Espíritu **dentro de nosotros** para emitir vida cuando confiamos en Jesús, y poco después de que tomamos esa decisión, Él quiere poner Su Espíritu **sobre nosotros** para emitir poder.

¿Recuerdas la analogía del Hombre de Hierro? Tony puso el reactor de arco **dentro** de él para experimentar una vida completamente nueva, y luego se hizo poner el traje de Hombre de Hierro **sobre** él para expresar el poder y la acción de superhéroe. ¿Notaste esas dos palabras?

DENTRO y SOBRE

Dios hace algo muy similar por cada creyente, pero, como mencioné anteriormente: lo que Dios hace no es fantasía, es realidad.

¿Podrías tomarte el tiempo necesario para leer los siguientes versículos? Estos describen el proceso de cómo viene el Espíritu de Dios SOBRE nosotros y por qué Él hace esto:

*Y el Espíritu del Señor vino poderosamente **sobre** David desde aquel día en adelante.*
     I Samuel 16:13 NBLA [énfasis añadido]

*Cierto día, en que las multitudes se bautizaban, Jesús mismo fue bautizado. Mientras él oraba, los cielos se abrieron, y el Espíritu Santo, en forma visible, descendió **sobre él** como una paloma. Y una voz dijo desde el cielo: "Tú eres mi Hijo muy amado y me das gran gozo."*
     Lucas 3:21-22 NTV [énfasis añadido]

*Pero cuando el Espíritu Santo venga **sobre ustedes**, recibirán poder. Serán mis testigos en Jerusalén, en toda la región de Judea, en Samaria y en todo el mundo.*
     Hechos 1:8 PDT [énfasis añadido]

*Cuando Pablo les impuso las manos, el Espíritu Santo vino **sobre ellos**.*
     Hechos 19:6 NVI [énfasis añadido]

Podríamos pasar mucho más tiempo viendo pasajes asombrosos donde el Espíritu de Dios vino poderosamente _sobre_ la gente, pero quiero que vayamos al "por qué."

Esto es una simplificación excesiva, pero esto me ha ayudado a entender la diferencia entre DENTRO y SOBRE:

El Espíritu de Dios llega **DENTRO** de nosotros, para nosotros, para que podamos nacer de nuevo espiritualmente, para ser una creación *completamente nueva* y saber que somos suyos para siempre. Nuestro corazón mortal se convierte en un corazón eterno.

El Espíritu de Dios llega **SOBRE** nosotros, para los demás. Él (el Espíritu) nos da poder para vivir una vida sobrenatural de amor y para ofrecer a otros la posibilidad de una relación con Dios—una relación con el poder para vivir por encima y más allá de las pérdidas, derrotas y heridas.

El Espíritu
*viene a estar **DENTRO de nosotros** para nosotros y*
*viene a estar **SOBRE nosotros** para los demás.*

Observa esto:

> *Después que oraron, el lugar donde estaban reunidos tembló, y <u>todos fueron llenos</u> del Espíritu Santo y <u>hablaban</u> la palabra de Dios <u>con valor</u>.*
> Hechos 4:31 NBLA [énfasis añadido]

A través de toda la Biblia, y especialmente cuando aparece Jesús en el Nuevo Testamento, vemos al Espíritu Santo venir <u>sobre</u> la gente que Dios ama con poder sobrenatural y real.

Ahora, tengo que admitir que esto me confundió por mucho tiempo. Si el Espíritu Santo llega a vivir **<u>dentro</u>** de nosotros, entonces ¿por qué toda Su obra no puede ser una obra interna? ¿Por qué tiene que llegar **<u>sobre</u>** nosotros?

No lo sé.

Ahí lo tienen, lo dije. En verdad no lo sé, pero sé que Él lo hace.

Aquí hay una manera de cómo pensar acerca de esto que te puede ayudar. Mi esposa y yo estamos casados. Somos ahora uno en espíritu de acuerdo con la Palabra de Dios (Marcos 10:8), pero esto no significa que nuestro matrimonio tenga salud, amor y crecimiento. Podemos vivir en la misma casa (como uno) pero estar distraídos con los niños, las cuentas, el mantenimiento del hogar o nuestro amor por el fútbol o las compras. Podemos ser negligentes y encontrar que nuestro matrimonio carece intimidad, cercanía o la presencia tangible de Dios.

Estamos "dentro" de la casa juntos, pero **no** "sobre" la misma frecuencia.

¿Esto te ayuda un poco? Si no, no te preocupes. Él, el Espíritu, te va a guiar a la verdad y a la explicación que más necesites para ayudarte a entender. Jesús lo prometió.

Cuando el Espíritu de verdad venga, Él los guiará a toda verdad.

> *Aún tengo muchas cosas que decirles, pero ahora no las pueden soportar. Pero cuando Él, el Espíritu de verdad venga, los guiará a toda la verdad.*
> Juan 16:12-13 NBLA

Este capítulo se titula "Viviendo lleno de poder." Estoy tratando de expresar que el plan de Dios no es solo el de poner su Espíritu **_dentro_** de nosotros, para nosotros, sino también **_sobre_** nosotros, para emitir todo su poder sobrenatural en nuestras vidas. En términos reales, no vivimos esta vida como una creación **completamente nueva** por nuestro propio poder sino a través del Suyo.

No puedo recalcar suficientemente qué tan importante es esto. Es casi tan importante cuando el Espíritu Santo llega **_dentro_** de nosotros para causar que seamos una creación nueva, como cuando el Espíritu de Dios viene **_sobre_** nosotros como lo hizo sobre Jesús en su bautizo. Esto nos da el poder para hacer todo.

> *Sin embargo, cuando el Espíritu Santo descienda _sobre_ ustedes recibirán poder.*
> Hechos 1:8 NBV [énfasis añadido]

Si te estás distrayendo, lo entiendo. Toma un rato para reflexionar sobre lo que acabas de leer: **DENTRO** y **SOBRE**, etc.

Tal vez quieras ver la película *Iron Man* (El Hombre de Hierro).

Aquí hay tres IDEAS GRANDES para ayudarte a entender y experimentar ¡la CARGA COMPLETA del Espíritu!

1. ESTAMOS HECHOS PARA DEPENDER DE UNA FUENTE DE PODER

Esto no debe sorprendernos mucho. La mayoría de las herramientas que usamos para interactuar, trabajar y relacionarnos todos los días dependen de estar cargadas o llenas de combustible. Desde los autos a los teléfonos celulares, hasta las cortadoras de pasto, todos dependemos de poder para casi todo.

Comenzado hace mucho en el Antiguo Testamento, Dios muestra claramente que nuestra vida espiritual y poder vienen de su Espíritu.

> *"No será por la fuerza ni por el poder, sino **por mi Espíritu**," dice el SEÑOR Todopoderoso.*
> Zacarías 4:6 PDT [énfasis añadido]

Esta no es una fuente de poder natural; es sobrenatural y sin límites.

> *Verán también lo grande que es el poder que Dios da a los que creen en él. Es el mismo gran poder con el que Dios resucitó a Cristo de entre los muertos...*
> Efesios 1:19-20 PDT

Tony Stark tenía su traje imperfecto del Hombre de Hierro; ¡nosotros tenemos al perfecto Espíritu Santo que viene <u>sobre</u> nosotros con poder real en la vida real!

2. ESTAR CARGADO COMPLETAMENTE ES ALGO QUE ELIJES

Ojalá estás comenzando a ver que todo en tu vida nueva como seguidor de Jesús es una elección que incluye la fe. Tú escoges confiarle tu vida a Jesús, por fe. Tú eliges obedecerlo o desobedecerlo, por fe. Tú también eliges si estás dispuesto o no a dejar que llegue el Espíritu de Dios sobre ti con poder, también por fe. En otras palabras, estar lleno del Espíritu de Dios no es automático.

El Espíritu no quiere poseerte (controlarte sin que tú elijas), pero quiere tener una relación contigo para ver llegar el Reino de Dios a la Tierra. ¡Esto aún me deja atónito!

El Espíritu busca
UNA COLABORACIÓN, <u>no</u> UNA POSESIÓN.

La gran mayoría de nosotros tenemos teléfonos celulares. De hecho, supongo que en este mismo momento tu teléfono está en un lugar donde puedes verlo, sentirlo u oírlo. El mío está en el apoyo para brazos de la silla en la que estoy sentado al escribir estas palabras.

Para poder entender lo que es estar "lleno de poder," digamos que el teléfono celular te representa a ti.

Antes que compraras tu teléfono celular, estaba en una linda

CAPÍTULO 7: VIVIENDO LLENO DE PODER

cajita. Aunque tenía gran potencial, el aparato estaba muerto. Muerto porque no se había comprado y conectado al servicio vía Sprint, AT&T, Verizon, etc.

Como un teléfono celular, tú y yo nacimos con potencial, dones y pasiones asombrosas. Pero la Biblia dice que estábamos muertos espiritualmente. Esto es trágico. Fuimos hechos a la imagen de Dios, para conocer a Dios y vivir con propósito e impacto eterno. Pero hasta que Jesús no nos hace su creación **_completamente nueva_**, estamos sin vida.

Eso es, hasta que tomamos un paso de fe y elegimos.

El momento en que elegimos seguir a Jesús, nos conectamos al cielo y comenzamos a vivir. Recibimos servicio celular. No tuvimos que hacer nada más que escoger el confiar completamente. ¿Lo ves? Jesús estableció un plan eterno, y te conectó con el pago único de Su sangre, lo cual resultó en una conexión eterna con Dios.

Supimos que nuestro teléfono celular servía porque, ya conectado, la pantalla se prendió y vimos las apps que funcionaban. En nuestro caso, supimos que nos conectamos con Dios porque el Espíritu Santo lo escribió en el tablero de mensajes de nuestros corazones. Dios nos dijo que le pertenecemos a Él, y que Él ahora estaba _dentro_ de nosotros— así como el celular mostró que el servicio estaba funcionando en el teléfono cuando lo conectamos a un plan.

CAPÍTULO 7: VIVIENDO LLENO DE PODER

Estamos vivos. Somos una nueva creación. Estamos conectados con el cielo. El Espíritu está dentro de nosotros, pero...

La primera cosa que debes hacer cuando tu servicio de teléfono celular se conecta, es cargar <u>completamente</u> tu teléfono. Esto es esencial para que el teléfono funcione con poder duradero; de otra manera, se quedará solamente inactivo. Tendrá servicio; tendrá potencial, pero no tendrá nada de jugo.

¿Esto te suena vagamente familiar? Recuerda lo que acabamos de leer:

> *"No será por la fuerza ni por el poder, sino <u>por mi Espíritu</u>," dice el SEÑOR Todopoderoso.*
> Zacarías 4:6 PDT [énfasis añadido]

De la misma manera, estamos diseñados por Dios para requerir <u>una carga completa</u> si hemos de vivir a través del poder de su Espíritu y no a través de nuestra propia fuerza.

Esto me emociona porque he vivido lo suficiente para saber hasta qué punto llego con mi propia fuerza. Hasta la Biblia nos dice qué tan limitados estamos, pero ¡qué tan capaz es Él!

> *¿Es que no lo sabes? ¿Nunca lo has oído? El SEÑOR es el Dios eterno, el Creador de todo el mundo. Nunca se cansa ni se fatiga. Nadie puede entender completamente la sabiduría de Dios. Él da fuerzas*

al cansado y poder al indefenso. Los jóvenes se cansan y fatigan; los muchachos quedan exhaustos y caen. Pero los que tienen su esperanza puesta en el SEÑOR renovarán sus fuerzas. Les crecerán alas como a las águilas; correrán sin fatigarse, caminarán sin cansarse.
Isaías 40:28-31 PDT

Nuestro poder de vivir para Jesús viene de una carga inicial completa del Espíritu Santo que sucede cuando Él viene **<u>sobre nosotros</u>** la primera vez.

Esto es lo que le sucedió a Jesús en su bautizo cuando el Espíritu vino <u>sobre</u> Él como una paloma. Esto es lo que sucedió en el libro de Hechos, capítulo 2, cuando aproximadamente 120 seguidores de Jesús experimentaron al Espíritu que vino <u>sobre</u> ellos con poder y los envió a difundir las noticias de Jesús. Esto es lo que le sucedió al apóstol Pablo después de encontrarse con Jesús en el camino a Damasco, cayó ciego, luego fue sanado y llenado con el Espíritu de Dios en Hechos 9.

Esto es también lo que me sucedió a mí. Yo había conocido a Jesús y estaba tratando de seguirlo lo mejor que podía, pero me faltaba poder, audacia y amor.

Durante el primer año de mi decisión de seguir a Jesús, un día recogí a un par de jóvenes en la carretera por las afueras de Washington D.C. Su carro se había descompuesto (déjenme aclarar que no estoy animándolos a que recojan a personas en la carretera, a menos que los esté guiando claramente el Espíritu de Dios). Me pude dar cuenta rápidamente que eran seguidores de Jesús por la manera en que hablaban, pero eran *diferentes*. Parecían casi resplandecer con alegría y paz.

Los llevé a un lote de chatarra para buscar una parte que necesitaban para su Bocho VW descompuesto. Cuando pedimos la parte, el dueño no estaba seguro si la tenía en el gran paisaje de partes de automóvil oxidadas.

Lo que sucedió después me sorprendió completamente. Los dos muchachos me dijeron, "Oye, ¿por qué no nos ponemos de acuerdo en oración y confiamos que Jesús encuentre la parte? A fin de cuentas, ¡Él es el dueño de este lote de chatarra!" Tengo que admitir que no mantuve mis ojos cerrados. Entrecerré los ojos y vi hacia donde el dueño había estado, esperando que él no hubiera oído la fuerte declaración que el lote de chatarra ¡le pertenecía a Jesús!

Después del amén, uno de los jóvenes alzó la vista y dijo, "¡Miren! ¡Hay un viejo motor de VW allá mismo!" Lo adivinaste. Fuimos hacia allá, y la parte que necesitaban estaba en ese motor.

Puedo oír lo que has de estar pensando: Ahora, ¡espera un minuto! Yo pensé que Dios nos llenaba de poder para hacer cosas enormes, cosas muy espirituales, con un montón de palabras bíblicas y estruendo espiritual.

¿Quién te dijo eso? Claro, Él quiere que hagamos todo lo que Jesús y sus seguidores hicieron en la Biblia. Pero aparte de lo que llamamos "cosas enormes," Él quiere darnos poder en cada aspecto de nuestras vidas. Poder para ir al trabajo en la mañana. Poder para vivir no obstante la depresión. Poder para amar a la gente con diferentes creencias. Poder para poner tus manos sobre los enfermos y confiar que Dios los sane. Poder para amar a tus amigos, a tu esposo o esposa y a tus hijos con un amor sobrenatural sin límites, y amor para amar a tus enemigos. Inclusive, poder para encontrar cosas como una parte de motor.

Estamos diseñados para depender de algo. Y, el Espíritu Santo quiere ser tu fuente principal de poder.

Probablemente puedes imaginarte qué tan intrigado estaba yo, parado en el lote de chatarra con esos dos jóvenes. Finalmente les dije, "Amo a Jesús. Él me ha perdonado, y su Espíritu vive dentro de mí. Yo sé que eso es real para ustedes dos, pero ¿qué tienen ustedes que me hace falta a mí?" Continuaron por decirme cómo el Espíritu Santo había llegado _sobre_ ellos y los había llenado con poder.

Eso es lo que yo quería y lo que necesitaba desesperadamente. Mi vida—como mi teléfono—tenía el servicio conectado; yo le pertenecía a Dios; su Espíritu vivía en mí, pero sabía que me faltaba poder.

Una _carga completa_.

CAPÍTULO 7: VIVIENDO LLENO DE PODER

Se había oscurecido para cuando manejamos de regreso a mi casa y nos sentamos en el camino de la entrada a platicar. Los dos estaban a punto de seguir su viaje. Antes de irse, los dos pusieron sus manos sobre mí y oraron que me llenara del Espíritu de Dios y que yo viviera a través de su poder sobrenatural de ahí en adelante.

No sentí nada. ¿Qué no debe uno de sentir algo, como tal vez una descarga eléctrica o una ráfaga de viento? ¡Nada, nadita, cero!

Entré a la casa y fui a mi recámara, me arrodillé y dije, "Jesús, no sé lo que acaba de suceder. Realmente estoy un poco confundido. Pero de lo único que no estoy confundido es que necesito el poder de Tu Espíritu. No voy a parar de pedirte que me llenes, hasta no estar lleno."

Apenas había yo orado esta oración, con todo el deseo y desesperación que tenía dentro de mí, que algo sucedió. Fue como si una manta se extendiera estrechamente sobre mi cabeza y bajara lentamente sobre mí. La manta se sentía como amor líquido. Amor como nunca lo había experimentado, con paz lentamente moviéndose a través de mi cuerpo entero, desde la cabeza hasta los pies.

Luego sentí gozo. Comencé a reír. Dios nunca me había hecho cosquillas; esta es la mejor manera que puedo describirlo. ¡Cosquillas de gozo del Espíritu de Dios que había llegado sobre mí! Me reí fuertemente por quince minutos. Una risa incontrolable que solo amigos cercanos conocen. Simplemente el escribir esto me hace reír ahora.

Había recibido una carga completa y nunca he sido el mismo desde ese día. Conocer a Jesús me había preparado para el cielo, experimentar la llenura de su Espíritu me preparó para la vida.

Así como tu celular sirve a base de poder, también tú y yo. Así como al principio tu teléfono necesita una carga completa, también nosotros necesitamos una para nuestra vida en Dios. Encontré que tenía nuevo valor para compartir mi historia con otros, un nuevo nivel de amor para todas las personas con las que me encontraba y un nuevo entendimiento de la palabra de Dios. ¡Tenía poder!

Y, sin embargo, de la misma manera que tu teléfono se descarga constantemente al usarlo, necesitando cargas diarias, nosotros nos descargamos al vivir para Dios y amar a los demás, y necesitamos una continua conexión con el Espíritu de Dios para mantener una vida completamente cargada. Debido a la gracia de Dios, por naturaleza tú llevas el cargador contigo todo el tiempo; sin embargo, te toca a ti <u>escoger</u> conectarte a Su poder y Vida.

Lo que importa es que te mantengas conectado.

Estos versículos te mostrarán cómo Dios te ha diseñado para funcionar a toda capacidad solo cuando tu poder viene de Él.

CAPÍTULO 7: VIVIENDO LLENO DE PODER

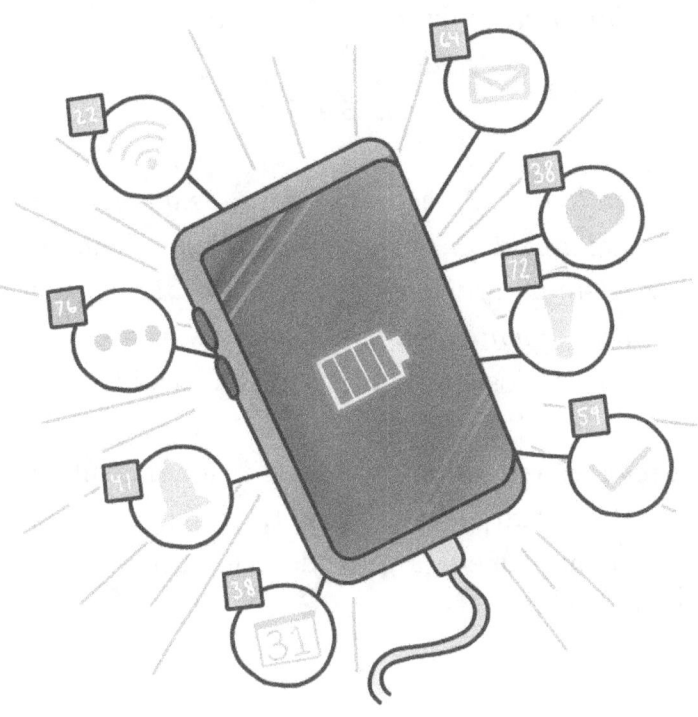

*Jesús dijo: —Alguien me ha tocado, porque yo sé que **ha salido poder** de mí"*
    Lucas 8:46 RVA [énfasis añadido]

[Jesús dijo] Permanezcan en mí, y yo permaneceré en ustedes. Así como ninguna rama puede dar fruto por sí misma, sino que tiene que permanecer [estar conectada] en la vid, así tampoco ustedes pueden dar fruto si no permanecen en mí. Yo soy la vid y ustedes son las ramas. El que permanece en mí, como yo en

> él, dará mucho fruto; separados de mí no pueden ustedes hacer nada.
>
> Juan 15:4-5 NVI

> ...sean llenos [conectados—para los que les gusta estudiar el idioma griego, esta palabra llenos está en el imperativo activo presente que significa <u>continuamente lleno</u>] del Espíritu....
>
> Efesios 5:18 NVI [paráfrasis añadida]

Tal vez te estés preguntando de qué manera cambiará tu vida cuando el Espíritu llegue sobre ti con poder. Permíteme explicarte cómo sucede a menudo y los cambios asombrosos que puedes esperar.

3. ALGO SUCEDE CUANDO RECIBES LA CARGA COMPLETA DEL ESPÍRITU

Posiblemente te estés preguntando por qué el título de esta sección parece ser tan obvio. Bueno, para muchas personas, no lo es. Nos puede tomar por sorpresa cuando tenemos una experiencia espiritual que no habíamos tenido antes o que no entendemos completamente.

Para ayudarte a entender cómo el Espíritu a menudo llega sobre las personas—llamamos a esto "la llenura"—permíteme comenzar por decir lo que no significa:

CAPÍTULO 7: VIVIENDO LLENO DE PODER

No significa que siempre es algo dramático.

Varios relatos en la Biblia muestran que la llenura del Espíritu causa que la gente hable en un lenguaje que nunca habían aprendido, por ejemplo, o que profeticen (lo cual es el compartir el corazón y los pensamientos de Dios.)

La primera _carga completa_ del Espíritu de Dios puede venir en muchas formas: una paz profunda, lágrimas, risa, gozo inexplicable, sentirse ligero, una enorme cercanía a Dios, hambre de leer la Biblia, un deseo de adorar a Dios con entrega total.

He observado a miles de personas cuando el Espíritu llegó sobre ellos por primera vez. He notado que a menudo Él lo hace de acuerdo con nuestras personalidades.

Si tiendes a ser una persona callada, más introvertida, puede que experimentes una nueva paz y confianza. Si eres una persona expresiva y extrovertida, puede que te sueltes cantando, que hables en un lenguaje inspirado por Dios ¡o que bailes! He tenido el privilegio de ver las muchas formas en que el Espíritu llena a una persona.

Muchas veces he visto a personas caerse bajo el peso de la presencia de Dios al estar más cerca de Él. A menudo, muchos argumentan sobre esta expresión de la llenura. No tiene sentido para nosotros. Caerse, ¿por qué? Pero, nuestros pensamientos y caminos no son los pensamientos o caminos de Dios (Isaías 55:8-9).

Permíteme tratar de explicarlo. Las personas se pueden caer por varias razones aparte de tropezarse. Algunas se caen (desmayan) de tristeza. Toma, por ejemplo, a un padre que yo conocí que su hijo de tres años se había ahogado. Cuando vio el cuerpo del niño en la casa funeraria por primera vez, el papá estaba tan alterado, que se cayó al piso.

Algunos se caen de alegría. ¿Alguna vez has visto a una persona militar regresar antes del tiempo previsto después de un despliegue largo para sorprender a su esposo o esposa? A veces la pareja necesita que les ayuden a sostenerse porque pierden las fuerzas.

Algunos se caen a causa de puro poder. ¿Cuánto tiempo crees que puedes seguir parado cuando te pegan con una pistola paralizante? Miles de volteos apoderándose de tus músculos. Te apuesto a que no mucho tiempo.

Vemos varias ocasiones en la Biblia cuando la gente pierde su fuerza por un encuentro con la sagrada, maravillosa y amorosa presencia de Dios. Aquí hay unas cuantas:

> *Cuando los sacerdotes salieron del Lugar Santo la nube llenó el templo del SEÑOR y <u>no pudieron seguir de pie</u> y continuar su trabajo porque el templo del SEÑOR se llenó de la gloria del SEÑOR.*
> I Reyes 8:10-11 PDT [énfasis añadido]

> *Entonces Judas, tomando la tropa romana, y a varios guardias de los principales sacerdotes y de los fariseos, fue allá con linternas, antorchas y armas. Jesús, sabiendo todo lo que le iba a sobrevenir, salió y les dijo: "¿A quién buscan?" "A Jesús el Nazareno," le respondieron. Él les dijo: "Yo soy." Y Judas, el que lo entregaba, estaba con ellos. Y cuando Él les dijo: "Yo soy," retrocedieron y <u>cayeron a tierra</u>.*
> Juan 18:3-6 NBLA [énfasis añadido]

> *Cuando lo vi (a Jesús), <u>caí a sus pies</u> como muerto; pero él puso la mano derecha sobre mí y me dijo: "¡No tengas miedo! Yo soy el Primero y el Último. Yo soy el que vive. Estuve muerto, ¡pero mira! ¡Ahora estoy vivo por siempre y para siempre! Y tengo en mi poder las llaves de la muerte y de la tumba."*
> Apocalipsis 1:17-18 NTV [énfasis añadido]

El Espíritu de Dios llenará a cada persona de la forma que Él escoja específicamente. Siempre tiene nuestro mejor interés en mente. Cuenta con ello.

No significa que es algo final.

Te puedo decir con confianza que cuando el Espíritu llega sobre ti, para cargarte completamente, no es algo final en lo absoluto. Su trabajo en nosotros es dinámico y expansivo. Cuando la gente se casa, ellos se convierten en uno con su pareja. Pero, con cada experiencia, gozo y reto, se convierten aún más en "uno."

Solo podemos tener una primera carga completa, pero podemos esperar tener una vida entera con diferentes experiencias de carga al ir creciendo en nuestra amistad con Jesús y su Espíritu.

Tengo un amigo que luchó para llegar a experimentar la <u>carga completa</u> del Espíritu. Le había pedido a Jesús; había pedido que gente pusiera las manos sobre él y que oraran, pero no había sentido ninguna certeza de estar lleno. Al yo preguntarle por qué pensaba eso, él me contestó, "Pues, nunca me he caído."

Esto me dio la oportunidad de mostrarle las muchas maneras en que el Espíritu llega sobre nosotros. El comenzó a darse cuenta de que después que oraron por él, una paz inusual había descendido sobre él y había permanecido con él a pesar de estar pasando por grandes pruebas. Estaba desempleado de un trabajo con buena paga a nivel ejecutivo y sabía que debía estar exageradamente estresado, pero no lo estaba. Él sabía que su vida y su futuro estaban en las manos de Dios y que Dios se encargaría de él. Estaba tan calmado que su esposa estaba preocupada por él. No era típico que él estuviera tan tranquilo.

Ella tenía razón. No era típico de <u>él</u>. Era típico del Espíritu de Dios.

Él se dio cuenta que estaba, en verdad, lleno. Tenía una nueva confianza para pedirle a Dios más de su presencia y poder.

Y esa confianza en Dios lo sostuvo hasta que eventualmente Dios le dio el trabajo perfecto.

Varios meses después, él y su esposa estaban hablando con su vecino que había venido para pedirles que oraran por su hija. La niña había estado muy enferma y letárgica, demasiado débil para salir a jugar. Los doctores no sabían qué hacer.

En respuesta a lo que pedía este padre desesperado, ellos pusieron sus manos sobre el vecino para orar, y, en un instante, mi amigo cayó al suelo y comenzó a hablar un lenguaje que nunca había aprendido (la Biblia llama a esto hablar en lenguas). Él continuó, sin parar, hasta que el vecino se fue, y la esposa de mi amigo, algo frustrada, se fue a dormir.

Solo puedo suponer que conforme estás leyendo esto estás diciendo "¡Yo NUNCA le voy a pedir a Dios que me llene! Doy la impresión de estar más o menos cuerdo y me gustaría mantenerme así ¡muchísimas gracias! ¿Quién sabe qué podría suceder?" Estoy sonriendo. Lo que podría suceder es exactamente lo que el Espíritu, en Su sabiduría, quiere que suceda.

No estamos hablando de un Espíritu manso, un Espíritu predecible o un Espíritu que se puede controlar. Estamos aprendiendo acerca del Reino de Dios, y ¡este es el Espíritu de Dios! Algunas veces Él llega con lo que yo llamo "¡caos ordenado!"

La siguiente mañana, la esposa de mi amigo dijo, "¿De qué se trató todo eso?" A lo que mi amigo respondió, "No lo sé." Cuando trataron de procesar lo que sucedió la noche anterior, un movimiento les llamó la atención. Se asomaron por la ventana y vieron a la hija de su vecino afuera, jugando. Dios había llegado de una manera inusual con una sanación supernatural.

La _carga completa_ inicial de mi amigo—demostrada con paz—había sido mucho menos dramática que cuando se llenó de nuevo, hablando como loco en el piso de su sala. Si te mantienes conectado, escogiéndolo a _Él_, confía en que el Espíritu te va a llenar de una manera progresiva, constante y única.

*Al recibir la llenura del Espíritu
puedes contar con "evidencias" sobrenaturales*

No solamente sucede algo cuando el Espíritu de Dios te da una carga completa, pero también puedes confiar que vas a experimentar muchas "evidencias." La evidencia no es lo mismo que la prueba.

La prueba dice, "PRUÉBALO, Y LO CREERÉ."

La evidencia dice, "LO CREO y continuaré dándote gracias con confianza, sabiendo que la EVIDENCIA vendrá."

Hay muchas "evidencias" de cuando el Espíritu llena completamente a una persona, pero las principales son:

Amor, poder, una vida fructífera, habilidades sobrenaturales o dones, pureza.

La evidencia más importante de todas es que vas a tener mayor amor por Jesús y por otros, especialmente por aquellos que te cuesta amar... o incluso tenerles simpatía.

Aquí hay varias escrituras para fortalecer tu fe conforme le pides a Dios que te otorgue el regalo de su Espíritu.

Más amor hacia Dios y los demás

Pues sabemos con cuánta ternura nos ama Dios, porque nos ha dado el Espíritu Santo para llenar nuestro corazón con <u>su</u> amor.
Romanos 5:5 NTV [énfasis añadido]

Tres cosas durarán para siempre: la fe, la esperanza y el amor; y <u>la mayor de las tres es el amor</u>.
I Coríntios 13:13 NTV [énfasis añadido]

Más poder para vivir abiertamente para Jesús

...pero <u>recibirán poder</u> cuando el Espíritu Santo descienda sobre ustedes; y serán mis testigos, y le

hablarán a la gente acerca de mí...
Hechos 1:8 NTV [énfasis añadido]

Cuando acabaron de orar, el lugar en donde estaban reunidos tembló, y todos fueron llenos del Espíritu Santo y <u>hablaban</u> la palabra de Dios <u>con valentía</u>.
Hechos 4:31 RVA [énfasis añadido]

Más del fruto, o la personalidad del Espíritu de Dios a través de ti

En cambio, la clase de fruto que el Espíritu Santo produce en nuestra vida es: amor, alegría, paz, paciencia, gentileza, bondad, fidelidad, humildad y control propio. ¡No existen leyes contra esas cosas! Ya que vivimos por el Espíritu, sigamos la guía del Espíritu en cada aspecto de nuestra vida.
Gálatas 5:22-25 NTV

La producción de dones y habilidades sobrenaturales impulsadas por el Espíritu de Dios

A cada uno de nosotros se nos da un don espiritual para que nos ayudemos mutuamente. A uno el Espíritu le da la capacidad de dar consejos sabios; a otro el mismo Espíritu le da un mensaje de conocimiento especial. A otro el mismo Espíritu le da gran fe y a alguien más ese único

CAPÍTULO 7: VIVIENDO LLENO DE PODER

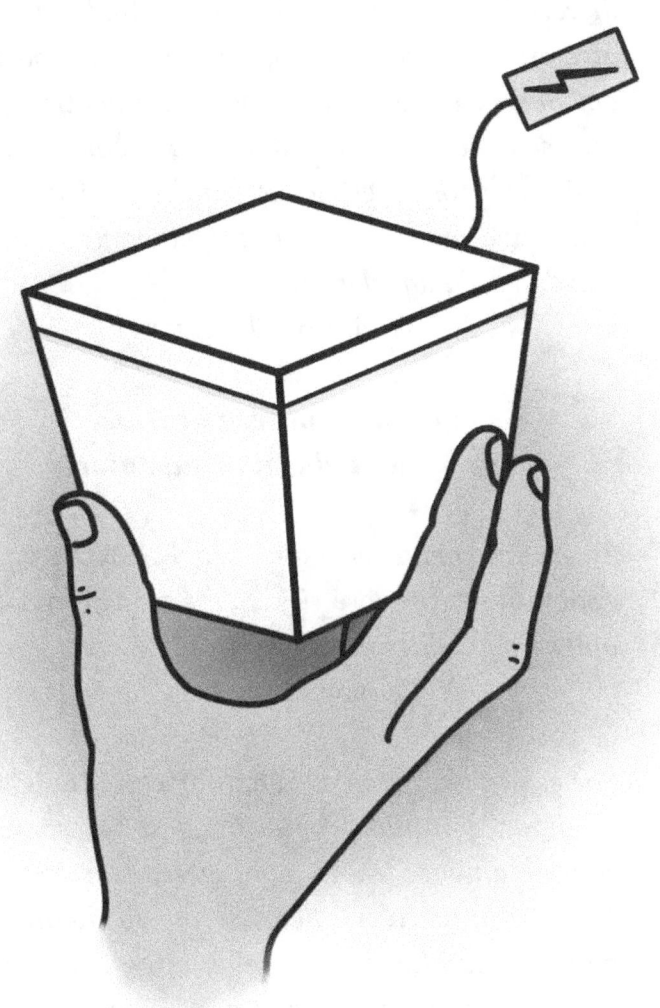

Espíritu le da el don de sanidad. A uno le da el poder para hacer milagros y a otro, la capacidad de profetizar. A alguien más le da la capacidad de discernir si un mensaje es del Espíritu de Dios o de otro espíritu. Todavía a otro se le da la capacidad de hablar en idiomas desconocidos, mientras que a otro se le da la capacidad de interpretar lo que se está diciendo. Es el mismo y único Espíritu quien distribuye todos esos dones. Solamente él decide qué don cada uno debe tener.
I Corintios 12:7-11 NTV

Más de la pureza de Dios experimentada en tu vida diaria

En ese momento el Espíritu del SEÑOR vendrá poderosamente sobre ti y...Serás transformado en una persona diferente.
I Samuel 10:6 NTV

Por eso, estén listos para actuar con inteligencia y tengan dominio propio. Pongan su esperanza completamente en lo que se les dará cuando Jesucristo regrese. Sean hijos obedientes, no hagan todas las cosas malas que hacían antes, cuando vivían sin conocer a Dios. Más bien, vivan ustedes de manera totalmente santa, así como también es santo el que los llamó; pues en

> *la Escritura dice: "Sean santos, porque yo soy santo."*
>
> I Pedro 1:13-16 NBV

Una de las mejores maneras de ver "evidencias" es de estar cerca de aquellos que rebozan del Espíritu Santo. Ellos resaltan. No son personas cristianas cerradas, difíciles, ni juzgonas. Son humildes, alegres, amables y poderosas. Sabes que estás cerca del Espíritu de Dios que ha llenado a alguien cuando el simple hecho de estar con ellos te hace amar más a Dios, ser más amable contigo mismo y esforzarte a servir a otros aún más. Su Espíritu es contagioso.

Hemos hablado mucho acerca del poder sobrenatural que viene de un Espíritu sobrenatural. ¿Te puedo hacer una pregunta? Desde que le has dado tu vida a Jesús, ¿le has pedido al Espíritu que venga sobre ti con poder? Esta experiencia es el regalo maravilloso de Dios, y Él quiere que todos los que siguen a Jesús la tengan.

> *"Ahora enviaré al Espíritu Santo, tal como prometió mi Padre; pero quédense aquí en la ciudad hasta que el Espíritu Santo venga y los llene con poder del cielo."*
>
> Lucas 24:49 NTV

> *Una vez, mientras comía con ellos, les ordenó: "No se vayan de Jerusalén hasta que el Padre les envíe*

> *el regalo que les prometió, tal como les dije antes. Juan bautizaba con agua, pero en unos cuantos días ustedes serán bautizados [sumergidos en] con el Espíritu Santo."*
> Hechos 1:4-5 NTV [énfasis y paráfrasis añadidos]

¿Acaso notaste que, aunque los discípulos de Jesús habían estado con Él por tres años enteros, Él no quería que hicieran nada por Él hasta que Él los llenara de poder?

— COMO ESTAR CARGADO COMPLETAMENTE POR EL ESPÍRITU SANTO —

Aquí hay unos pasos simples que espero te ayuden a experimentar el regalo de Dios para ti.

Comienza a creer completamente

Así como deseamos el poder del Espíritu de Dios, Él desea aún más que lo obtengamos. Comienza a creer que este don es real y que es para ti.

> *Todo el que desee acercarse a Dios debe creer que él existe y que él recompensa a los que lo buscan con sinceridad.*
> Hebreos 11:6 NTV [énfasis añadido]

CAPÍTULO 7: VIVIENDO LLENO DE PODER

A ciertas personas se les dificulta creer, porque piensan que no merecen ser llenados o que tienen que ser más espirituales para ser llenados. Esto no es cierto. Es Dios quien nos hizo a todos merecedores a través de la muerte de Su Hijo y nos ha hecho herederos de Su Reino, y la única manera que nosotros podemos ser más espirituales es a través del poder de Su Espíritu.

Está dispuesto a buscar a Dios diligentemente

Tan pronto creas, comienza a buscar a Dios con una diligencia que dice, "Tengo que estar lleno, ¡no voy a dejar de buscar hasta que esté lleno!" Algunas veces la evidencia de su llegada sobre nosotros es inmediata, y algunas veces sucede solo después de que lo hemos buscado a Él con pasión. Ten por seguro, ¡Él quiere que sepas, con certeza, que estás lleno del Espíritu!

¿Alguna vez has estado fastidiado con un niño de tres años que deveras quiere algo? Ellos no tienen vergüenza y no paran en su búsqueda—Mami, Mami, Mami, Mami, Mami—hasta que Mami contesta. A Dios le gusta que sigamos pidiéndole. Le gusta cuando tenemos la pasión de un pequeño.

> *Cierto día, Jesús les contó una historia a sus discípulos para mostrarles que siempre debían orar y nunca darse por vencidos.*
> Lucas 18:1 NTV

Comienza a pedir con expectativa

Dios promete otorgarnos nuestra petición de obtener Su Espíritu si le pedimos con expectativa. Estaba yo tratando de describirle a alguien cómo se siente esto, y esta imagen me vino a la mente.

¿Recuerdas cuando eras chico y jugabas al "juego de confiar"? No sé si así se llama, pero suena bien.

Era cuando cerrabas los ojos y te dejabas caer para atrás hacia los brazos rescatadores de la persona que esperaba parada detrás de ti. Si no confiabas en tu amigo o tenías miedo, te encontrabas doblando las rodillas para detenerte tú mismo, lo que hacía que todo se sintiera extraño. O, si tu amigo era travieso, se movía hacia un lado, y te caías duro en tu trasero, lastimándote a ti y a tu orgullo.

Pero, cuando funcionaba, por un pequeño segundo, tantito antes de que te cacharan, era una de las experiencias más libres y emocionantes. Decidiste "dejarte caer" y confiar en tu amigo. Dios es tu Amigo. El Espíritu es Su don. Puedes DEJARTE CAER dentro de tu corazón al pedirle a Él que venga sobre ti con poder.

> [Jesús dijo] "Así que les digo, sigan pidiendo y recibirán lo que piden; sigan buscando y encontrarán; sigan llamando, y la puerta se les abrirá. Pues todo

CAPÍTULO 7: VIVIENDO LLENO DE PODER

el que pide, recibe; todo el que busca, encuentra; y a todo el que llama, se le abrirá la puerta.

Ustedes, los que son padres, si sus hijos les piden un pescado, ¿les dan una serpiente en su lugar? O si les piden un huevo, ¿les dan un escorpión? ¡Claro que no! Así que si ustedes, gente pecadora, saben dar buenos regalos a sus hijos, <u>cuánto más</u> su Padre celestial dará el Espíritu Santo a quienes lo pidan."
Lucas 11:9-13 NTV [énfasis añadido]

PRACTICANDO LO APRENDIDO

¿Estás listo para recibir el don del Espíritu de Dios que está <u>completamente</u> cargado? Puedes pedirle ahora mismo, o leer este capítulo de nuevo hasta que estés desesperado por ser llenado. Tal vez tengas preguntas o quieras esperarte hasta tener un amigo o alguien del equipo de ministerio que ore contigo. No hay problema; solamente toma el siguiente paso.

Si ya has estado completamente cargado en el pasado, ¡puedes pedirle a Dios que te llene de nuevo!

Es bueno pensar de la manera que piensa un pequeño—ojalá sea de la misma manera que lo hiciste cuando pusiste tu completa confianza en Jesús. Si los niños saben que tienes un regalo para ellos, es lo único que tienen en la mente. Te lo piden y te lo piden y no paran hasta que está en sus manos.

Si estás listo ahora, te voy a guiar con una oración. Te quiero animar a que vayas a un lugar donde estés solo y donde no hayan distracciones. Cree que cuando pides, Dios siempre escucha y te dará la evidencia de Su Espíritu inmediata o progresivamente.

Posiblemente te ayudará saber que, al estar yo escribiendo esta oración, estoy pidiéndole al Espíritu de Dios que me de las palabras, y voy a orar en voz alta como si estuviera allí mismo contigo. Bien, digamos esto juntos.

ORACIÓN

Querido Jesús, gracias por prepararme para el don del Espíritu Santo. Tú le dijiste a tus discípulos que esperaran el don por fe y que recibirían poder del cielo.

Aquí estoy, con amor hacia ti, queriendo vivir para ti. Elijo dejar a un lado todos mis esfuerzos humanos y te pido que el poder sobrenatural de tu Espíritu sea liberado en mi vida con evidencia de más amor, poder, fruto, dones y pureza. Quiero tener poder sobrenatural.

Te pido con un corazón lleno de anticipación. ¡Lléname con tu Espíritu Santo! ¡Llega sobre mí con poder! Extiendo mis brazos espirituales y me dejo caer. ¡Lléname ahora!

(Ahora espera y quédate quieto. Solo permanece con Dios. Permíteme orar por ti en este momento: Señor, manda tu Espíritu a mi hermano o hermana que acaba de orar esto, ¡AHORA! En el nombre de Jesús. Continuemos en voz alta.)

¡Gracias Dios por oír mi oración y por cargarme completamente con Tu Espíritu!

Enséñame a conectarme Contigo usando el cordón de carga de mi decisión diaria.

Ten rienda libre en mi vida. Úsame poderosamente para Tu Reino. ¡En el nombre de Jesús!

Toma un momento para escribir lo que has sentido mientras que está aún reciente, y para darle gracias a Dios por su asombrosa presencia y poder.

_____

_____

_____

_____

_____

Si sientes que *nada sucedió*, al igual que yo después de que los dos chicos autostopistas oraron por mí, no dejes de agradecerle a Dios por haber escuchado tu oración y pídele que te revele la evidencia poderosa.

Él es fiel; Él te está llenando.

Me encantaría saber lo que Dios hizo cuando le pediste a Él que te llenara con Su Espíritu. Ponte en contacto conmigo ya sea por correo electrónico: **seniorleadership@lifegate.church** o en mis cuentas de redes sociales. ¡Me encantaría saber de ti y regocijarme contigo!

CONCLUSIÓN

Espero que al ir leyendo este último capítulo, Dios te ha mostrado, aún más, cuánto te ama y cuánto quiere proveer todo lo que necesitas en tu vida **completamente nueva**.

Hay mucho más en mi corazón que compartir acerca de las cosas asombrosas que Él tiene reservadas para ti. Allí es donde la Palabra de Dios, el Espíritu de Dios y la gente de Dios llenarán los espacios en los días que vienen. Tengo la esperanza que hayas aprendido muchas nuevas verdades y que hayas crecido en tu amor por Jesús al ir leyendo. Le pido a Dios que ahora tengas más confianza y poder como seguidor de Jesús.

Este libro ha sido escrito contigo en mi corazón. Es _para ti_. Creo que Dios está trabajando en tu vida y quiere usarte para que ayudes a que los demás lo conozcan a Él también.

Ha sido muy divertido y una bendición escribir esto para ti.

He incluido una sección al final con libros que recomiendo para ayudarte, especialmente en tu crecimiento inicial como seguidor de nuestro maravilloso Jesús.

Si este libro te ha ayudado, ¿podrías compartirlo con alguien que está en camino a conocer a Jesús, o con otro seguidor que pueda beneficiarse por lo que has aprendido?

Permíteme terminar con una oración de bendición sobre tu vida:

Querido Jesús,

Gracias por la persona que tiene este libro en sus manos. Te pido que hayan aprendido y que continúen aprendiendo cómo caminar como Tu creación **completamente nueva***. Que puedan recordar sobrenaturalmente las verdades que han obtenido y las decisiones que han tomado.*

Te pido que les hagas dar fruto en todo lo que hacen. Te pido que Tu vida y amor aumenten en ellos con cada día que pasa. Ayúdalos a crecer en obediencia gozosa hacia Ti. Hazlos "contagiosos" para que aquellos que están en su mundo puedan llegar a conocerte a través de sus vidas y palabras.

Protégelos de nuestro adversario y de las tentaciones y pecados con los que él intentaría atraparlos sin cesar. Lo ato lejos de sus vidas en el poderoso nombre de Jesús.

Finalmente, Señor Jesús, te pido que les des una pasión para conocerte a Ti. Una pasión mayor que cualquier deseo en sus vidas. Llénalos vez tras vez con Tu poder.

Dales gozo sin fin en tu presencia, y la confianza de que Tú estás siempre con ellos y nunca los vas a dejar. ¡Llénalos con Tu Paz!

¡Pido todas estas cosas en Tu nombre, Jesús!

¡Amén! (¡Así sea! ¡Eso es lo que pasa!).

RECURSOS PARA AYUDARTE A CRECER

Quiero recomendar los libros y autores en la siguiente lista. Especialmente porque eres una creación de Dios **completamente nueva**, estos recursos te ayudarán a entender aún más lo que Dios ha hecho por ti, y qué es lo que Él quiere seguir haciendo al irte transformando en la persona que estás destinada a ser.

El Dios que nunca conocí por Robert Morris
Espiritualidad emocionalmente sana por Peter Scazzero
Garden City por John Mark Comer
El Amor Hace por Bob Goff
Una vida de bendición por Robert Morris
God Has a Name por John Mark Comer
El Cielo por Randy Alcorn
Verdaderamente Libres por Robert Morris
Victoria Sobre la Oscuridad por Neil Anderson
Jesús te llama por Sara Young
A Todos Siempre por Bob Goff
El Dios pródigo por Timothy Keller
The Next Christians por Gabe Lyons
My Name is Hope por John Mark Comer

BIBLIOGRAFÍA
(DE LA VERSIÓN ORIGINAL EN INGLÉS)

The Four Loves, Copyright © 1960 by C.S. Lewis Pte. Ltd., Published by Harper Collins.

"The Implementation of a Disciple-Making Process in the Local Church" By Eldon Babcock (2002). Doctor of Ministry. Paper 180. http://digitalcommons.georgefox.edu/dmin/180 [Eldon's quote used in this book is an expansion of statements made by Greg Ogden in *The New Reformation,* cited below.]

Merriam-Webster Online Dictionary Copyright © 2015 by Merriam-Webster, Incorporated.

The New Reformation, Copyright © 1990 by Greg Ogden, Published by Zondervan.

The Purpose Driven Life, Copyright © 2002 by Rick Warren, Published by Zondervan.

www.ingramcontent.com/pod-product-compliance
Lightning Source LLC
LaVergne TN
LVHW051516070426
835507LV00023B/3134